H. RIVOIRE

LA

Paroisse

SAINT-FRANÇOIS DE SALES

HIER ET AUJOURD'HUI

EMMANUEL VITTE

LA PAROISSE

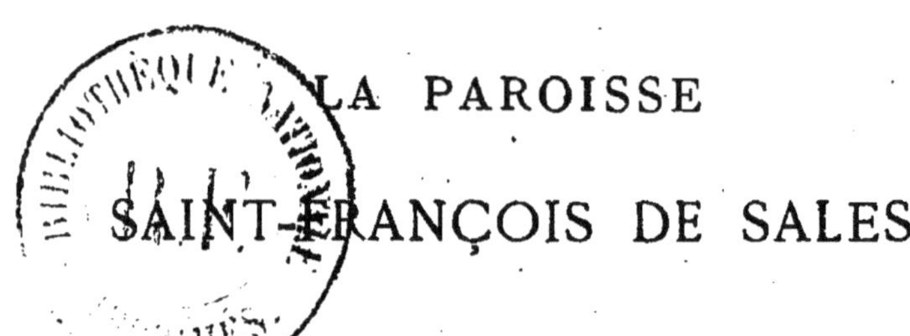

SAINT-FRANÇOIS DE SALES

IMPRIMATUR

Lyon, le 29 janvier 1900.

J. Déchelette, *v. g.*

LYON. — IMPRIMERIE EMMANUEL VITTE

Peinture à l'huile inédite, due à l'obligeance du Baron de Blonay.

H. RIVOIRE

LA

Paroisse

SAINT-FRANÇOIS DE SALES

HIER ET AUJOURD'HUI

EMMANUEL VITTE

AVANT-PROPOS

J^E présente ce modeste opuscule à
nos chers paroissiens de Saint-François. Composé à l'occasion des noces de
diamant de mon vénéré Curé, je n'ai
point eu d'autre but que de faire aimer
de plus en plus notre famille paroissiale.

J'ai voulu rendre d'abord un juste
tribut d'hommages à toutes ces âmes
dévouées qui, dans le passé, ont secondé
le zèle du clergé et accompli près de
nous et pour nous, l'œuvre de Dieu.
Puis, en rappelant aux générations pré-
sentes, les bienfaits de leurs ancêtres et

l'action si visible de la Providence, j'ai désiré mettre en relief les saintes traditions de foi et de charité, que tous aujourd'hui doivent s'efforcer de maintenir.

J'ajoute à ces récits du passé, une exposition très succincte de nos œuvres. Beaucoup trop se désintéressent de la vie de paroisse, ignorent les moyens qui sont à leur disposition pour se sanctifier et sanctifier les autres. Puissent-ils, en les connaissant mieux, en faire un meilleur usage ; et si les quelques instants de loisir que j'ai consacrés à ce travail peuvent procurer le salut et l'édification de quelques-uns, je bénirai le bon Dieu qui m'a inspiré de le commencer et donné la grâce de le mener à bonne fin.

NOTICE HISTORIQUE

ORIGINES

LA paroisse Saint-François de Sales fut canoniquement érigée vers la fin de 1803.

Avant de commencer le récit de cette fondation officielle et des améliorations successives apportées à l'église et aux bâtiments concédés par l'Etat, il ne paraîtra pas sans intérêt de jeter un coup d'œil en

SOURCES. — Archives municipales et départementales et de l'Archevêché, registres paroissiaux et des diverses confréries — procès-verbaux du conseil de fabrique et pièces justificatives annexées. — *Revue du Lyonnais, Semaines religieuses* (du diocèse de Lyon). — COCHARD, MONFALCON, OGIER. — A. STEYERT, *Nouvelle histoire de Lyon* (Bernoux et Cumin). — E., L., G., CHARVET, architectes lyonnais.

arrière et de considérer quelle fut avant la Révolution la juridiction à laquelle était soumise cette partie de la ville de Lyon et quelle fut l'origine de l'église elle-même.

Avant la Révolution, le territoire concédé à la nouvelle paroisse Saint-François de Sales relevait de l'abbaye d'Ainay pour toutes les maisons du côté sud de Bellecour et celles ayant façade sur les rue et place Louis-le-Grand et sur la rue de la Barre jusqu'au pont de la Guillotière. Le surplus au nord, appartenait à l'église collégiale et paroissiale Saint-Nizier.

Lorsqu'en 1791, la municipalité, supprimant les couvents, les ordres religieux, créa de nouvelles délimitations pour les paroisses, le côté septentrional de Bellecour et des deux rues y aboutissant fut distrait jusqu'à la hauteur de la rue Port-Charlet, les rues Ferrandière et Petit-David ; tout l'espace compris entre le Rhône et la Saône ainsi délimité fut placé sous la juridiction d'un curé établi dans l'ancien couvent des Dominicains, dont la magnifique église était située à l'extrémité de la rue Saint-Dominique, vers la place actuelle des Jacobins, connue alors sous le nom de Notre-Dame de Confort. Cette paroisse, sous le vocable de saint Pothin, comprenait 27,000 âmes et était administrée par un curé et cinq vicaires. Le titulaire, qui était sans doute prêtre assermenté constitutionnel, se nommait Antoine Dunand, ancien vicaire d'Ainay. Du 2 octobre 1791 au 31 décembre 1792, il y eut 1,733 actes enregistrés par le curé ou les vicaires de la paroisse, et 219 actes enregistrés depuis le 9 novembre par l'officier de l'état civil. Que devint cette paroisse pendant la période révolutionnaire ? Il serait difficile de le dire, les documents faisant défaut. Tout ce que l'on sait, c'est que cette église constitutionnelle ne fut pas réouverte en 1795 ; on réclama en vain.

Peu après, on en commença la démolition par le chœur. Il fut abattu par l'ouverture d'une rue qui, sous le nom de rue du Midi, devait se prolonger jusqu'à Bellecour et qui se serait trouvée à peu près sur l'emplacement de la rue Gasparin actuelle.

Quant à l'église Saint-François de Sales et aux bâtiments y attenant, ils appartenaient, avant la Révolution, aux deux couvents des Filles pénitentes et des Recluses. Voici ce qu'un *Mémoire* du temps nous apprend au sujet de ces deux établissements.

En 1630, le Cardinal de Richelieu (1) avait établi un conseil d'œuvres de charité, composé de personnes honorables de la

(1) Le cardinal Alphonse de Richelieu, archevêque de Lyon de 1629 à 1653, était le frère du ministre de Louis XIII. Il fut un des principaux bienfaiteurs de l'hospice de la Charité et voulut y être enterré.

ville. Ce conseil était connu sous le nom de Compagnie secrète, à raison du profond silence qu'il gardait sur les bonnes œuvres qu'il pratiquait. Un des premiers soins de cette Compagnie fut d'empêcher la corruption de la jeunesse et de songer au salut des filles de mauvaise vie, « ces insignes maquerelles qui étaient pour lors répandues dans la ville. » Pour arriver à ce résultat, on résolut de créer un asile où on les enfermerait par l'autorité de l'archevêque et du gouverneur ; là, sous la conduite de dames charitables, elles se livreraient aux exercices d'une salutaire retraite. A cette intention, on loua une maison située dans le quartier Bellecour. Cette institution fut dénommée *Maison des Filles pénitentes* à cause de la vie frugale et austère qu'on y menait.

Cette œuvre de refuge produisit bientôt les heureux fruits de salut qu'on en attendait ; des conversions nombreuses s'y ac-

complirent ; des parents mécontents de la
conduite de leurs filles voulurent eux-
mêmes les faire profiter de ces avantages ;
et la ferveur y régna à ce point que plusieurs des jeunes filles converties deman-
dèrent à s'établir en communauté religieuse. Le 20 décembre 1654, Mgr Camille
de Neuville, accédant à ce désir, érigea
cet établissement en communauté religieuse avec tous les privilèges attachés aux
autres communautés du royaume, rédigea
le règlement et confia la direction intérieure aux Dames religieuses de Sainte-
Marie de Bellecour, établies alors rue Sala.
Il lui conserva son premier nom de *Couvent des Filles pénitentes*.

Ce fut à cette époque, 21 octobre 1656,
que la Compagnie secrète devint proprié-
taire de l'immeuble qu'elle avait loué jusqu'alors et acheta en même temps l'im-
mense jardin qui lui était contigu et qui
comprenait tout l'espace limité actuellement

par la rue de la Charité et la rue Saint-
Joseph, la rue Sala et la rue François-
Dauphin. Mais le mélange des jeunes filles
de famille et de celles qu'amenaient dans
cette maison les agents de la police des
mœurs, n'était salutaire ni aux unes ni
aux autres. On avait de plus à redouter
l'influence malsaine qu'exerçaient sur leurs
compagnes déjà converties les dernières
arrivées. Leur indiscipline risquait de com-
promettre le bien qui s'accomplissait auparavant. Dès lors, on décida de faire deux
maisons absolument distinctes. Dans l'enclos, à l'extrémité sud du jardin, de nouvelles constructions furent élevées pour
celles que la force publique y faisait inter-
ner, et le premier établissement fut réservé aux personnes qui, conduites par leurs
parents, y payaient une dot, et à celles qui
y entraient volontairement. Des noms différents désignèrent chacune de ces maisons:
la nouvelle s'appela *Maison des Recluses*, ou

maison de Force ; l'ancienne garda son nom de *Couvent des Filles pénitentes.* La direction intérieure elle-même fut modifiée. Pendant que les Dames religieuses de Sainte-Marie continuaient de s'occuper de leur communauté, des dames charitables, d'abord, puis, vers 1696, trois religieuses de la Congrégation de Saint-Joseph de Vienne, exerçaient leur zèle et leur autorité sur les âmes dévoyées. Mgr Claude de Saint-Georges rédigea un règlement spirituel (1)

(1) ARCHIVES DE LYON. — Titres de l'établissement de la Maison de Force, appelée Maison des Recluses, située à Lyon, rue Saint-Jacques, au quartier de la place Louis-le-Grand.

A Lyon :

Chez André Laurens, imprimeur de Monseigneur
le Maréchal, duc de Villeroi
et de la Ville,
rue Raisin, à la Vérité
p. 661, n° 7
1725
Inventaire Chappe, XIX

NOTICE. — Au sujet des Recluses, il est intéressant de noter quel secours on attendait de l'inpour les Recluses et en publia un commentaire.

fluence religieuse, pour amener ces âmes dévoyées à de meilleurs sentiments.

Voici le règlement imposé aux recluses de Saint-Joseph, par Mgr de Saint-Georges (1693-1714), successeur de Mgr Camille de Neuville sur le siège primatial de Lyon.

En première ligne, l'archevêque expose les principes qui le dirigent dans l'ordonnance de cette règle : Toutes les filles, dit-il, qu'on enferme ici doivent se persuader que l'intention de Messieurs les Directeurs est qu'elles se convertissent, qu'elles fassent pénitence du passé et qu'elles règlent leur vie pour l'avenir. Elles considèreront ce règlement comme l'expression de la volonté de Dieu et s'y soumettront en toute obéissance.

Le lever aura lieu à 5 heures de Pâques à saint Michel ; à 5 h. 1/2 de saint Michel à Pâques. Demi-heure pour la toilette. On se rendra en silence à la chapelle ; on y fera la prière, suivie de la méditation ; puis on entendra la sainte Messe, pendant laquelle on fera une lecture pour en distinguer les différentes parties.

Le travail aura lieu ensuite en silence jusqu'à 9 heures ; à chaque heure, on fera l'exercice de la présence de Dieu.

A 10 heures, on chantera les commandements

Une seule chose restait commune aux deux maisons, l'administration temporelle :

de Dieu et de l'Eglise, puis on écoutera la leçon du catéchisme.

A 11 h. 1/2 aura lieu le dîner en silence, on y fera une lecture, puis on se rendra en silence à l'église pour y réciter l'*Angelus*, les litanies de la sainte Vierge, le *De Profundis*.

On aura demi-heure de récréation, puis on reprendra le travail jusqu'à 2 heures.

A 2 heures, on fera une lecture de piété jusqu'à 3 heures.

A 3 heures, on chantera le *Magnificat* et le *Pange Lingua*.

A 4 heures, on récitera Vêpres et Complies de l'Office de la sainte Vierge et les litanies de saint Joseph, et on fera une méditation.

A 5 heures, on chantera le *Miserere* et on récitera le chapelet.

A 6 heures, on chantera le *De Profundis*.

A 6 h. 1/2, le souper en silence, suivi d'une demi-heure de récréation.

A 7 h. 1/2, travail, lecture de l'*Imitation* et récitation des litanies du saint Nom de Jésus.

A 8 heures, lecture de piété pendant une demi-heure.

A 9 heures, prière du soir à l'église et lecture du sujet d'oraison pour le lendemain.

ses membres, soit ecclésiastiques, soit
laïcs, faisaient partie de la Compagnie secrète et devaient être désignés par l'archevêque lui-même.

Il en fut ainsi jusqu'en 1702. A cette

Voilà, certes, une communauté bien occupée et
bien religieusement ordonnée, un vrai monastère !

En ce qui concerne le travail, on les instruisait
dans les ouvrages de couture, de broderie et de
tapisserie ; on leur apprenait à faire des bas et à
dévider de la laine ; on leur laissait, pour les
stimuler, le quart du produit de leurs ouvrages et
les trois autres quarts étaient employés à leur
entretien. Aussi (conclut le règlement) la plupart
de celles qui étaient congédiées bénissaient le ciel
de leur avoir procuré ce lieu de retraite où elles
avaient été tirées du naufrage, dans lequel elles
avaient appris à gagner leur vie et à se garantir
de l'indigence, principale cause de leur prosti-
tution.

Quant à celles qui étaient indisciplinées, elles
avaient pour nourriture du pain et de l'eau ; pour
se coucher, une paillasse, des draps et une cou-
verture ; elles étaient vêtues de bure, avec des
sabots, et les directrices étaient autorisées à les
mettre au carcan, pendant un certain temps de la
journée, pour les punir de leur rébellion.

époque, fut consommée la séparation des deux communautés ; on mit à la tête de chacune deux administrations temporelles différentes, l'une prise parmi les membres de la Compagnie secrète, l'autre composée de membres étrangers à cette société. De nouvelles lettres patentes du roi furent accordées à la maison de Force et seulement en 1724, enregistrées au Parlement ; puis vers 1730 des différends s'étant élevés entre les deux administrations au sujet de la jouissance du jardin, après la séparation de corps, se fit le partage des biens.

Par acte du 18 août 1739, l'emplacement où étaient établies les deux maisons fut divisé. Les Recluses eurent une part plus considérable, et les Filles pénitentes reçurent sous forme d'indemnité 600 livres de rente payables par le prévôt des marchands et les échevins.

Jusqu'à la Révolution, la maison des Recluses fut l'objet de nombreuses libéralités faites par le roi, le Consulat, les recteurs de l'Hôtel-Dieu et ceux de la Charité. De nouvelles constructions furent établies pour y recevoir à la fois près de cent pensionnaires, et, vu le court séjour de chacun (deux ou trois ans au plus) pour faire participer un plus grand nombre aux religieux bienfaits de cette institution.

Ce fut au moment de la séparation des deux communautés, c'est-à-dire vers 1690, qu'on jeta le premier fondement de l'église Saint-François de Sales actuelle ; elle devait remplacer l'ancienne chapelle Sainte-Madeleine et être commune aux deux maisons. Cette dernière était orientée du nord au sud et était située sur l'emplacement de la nef actuelle de la rue François-Dauphin. Cette chapelle avait été érigée en prieuré en 1656, à la suite d'une donation faite par Michel Combet, curé de Saint-Romain de Saint-Pierre-le-Vieux ; cette donation consistait en un vaste domaine sis à Saint-Fortunat, près Saint-Didier-au-Mont-d'Or, en quelques centaines de livres de rentes ; elle avait pour but de fournir à un prêtre les émoluments nécessaires pour la célébration quotidienne de la sainte Messe.

Le sieur Combet fut le premier prieur, et conserva pour lui et sa famille le patronage de ce prieuré. Un des privilèges de cette chapelle fut de servir de sépulture soit aux religieuses, soit aux Dames, soit aux personnes de service, voire même aux Recluses, qui revendiquèrent ce droit, lors de la séparation. Dans le registre des décès jusqu'en 1758, on trouve cinquante actes, désignant les personnes qui y ont été inhumées, et dans le livre des professions religieuses, on en trouve encore seize autres. Aucun nom n'est à mentionner (1).

(1) ARCHIVES DÉPARTEMENTALES. — Filles pénitentes, obituaires, registres de professions, pièces diverses concernant le prieuré.

Tous ces titres et privilèges furent transférés à la nouvelle église, consacrée aussi à sainte Madeleine; elle demeura donc prieuré jusqu'en 1761, époque à laquelle ledit prieuré, du consentement du sieur de la Noirie, le dernier titulaire, fut supprimé et ses fruits remis à la communauté des Filles pénitentes.

La nouvelle église fut construite entre les bâtiments de la première maison des Filles pénitentes et ceux de la maison des Recluses. En agrandissant le lieu de retraite de ces infortunées, on voulait agrandir surtout la maison de Dieu. Si l'on devait séparer celles qui visaient à la conversion entière de celles qui n'avaient point encore cédé aux influences de la grâce divine, il était avantageux aux unes et aux autres de se rencontrer aux pieds du même Dieu, source de toute charité, de toute chasteté; une prière commune ne pouvait qu'accroître les bénédictions du ciel, et l'exemple des saintes âmes hâter la conversion des âmes les plus chancelantes.

L'édifice fut construit sous la forme d'un T; la partie verticale était réservée au public; c'est celle qui correspond aujourd'hui à la grande nef : la partie horizontale était divisée en deux sections égales séparées l'une de l'autre par le sanctuaire. A droite, les Recluses suivaient les cérémonies du culte du grand chœur, et au petit chœur, en arrière du premier, elles accomplissaient les exercices privés de la communauté. Du grand chœur on avait jour sur l'église, à travers des grilles barreaudées : c'est la partie actuellement occupée par la chapelle de la Sainte-Vierge. A gauche étaient les Filles pénitentes. Rien n'indique qu'elles aient été séparées de l'église par des grilles. C'était la supérieure des Filles pénitentes qui avait la clef de l'église, la clef de la sacristie ; il lui appartenait « d'avoir le soin des ornements, ajustements, argenterie et décoration de la dite église ». On y faisait les solennités et les offices ordinaires; « les Pénitentes chantaient dans le chœur, mais les Recluses assistaient en silence de leur côté ». La Confrérie des agonisants, érigée depuis longtemps dans l'ancienne chapelle, fut fixée et établie dans la nouvelle église. Là, pendant un siècle, vinrent prier et se convertir, parfois même se décider à suivre la voie de la perfection chrétienne, celles qui avaient imité Madeleine pécheresse et qui devaient l'imiter dans sa pénitence.

A l'époque de la Révolution, la maison des Pénitentes et leur église devinrent bien national. Tout le tènement situé sur la rue de la Charité et l'angle de la rue de la Sphère fut vendu en 1796 au sieur Chausonnet. La partie occupée par les Recluses devint une maison d'arrêt pour ceux qui n'estimaient pas les bienfaits de l'ère nouvelle. « Beaucoup de pères de famille ou d'honnêtes citoyens, dit un chroniqueur du temps, y furent enfermés, sortirent de là pour monter sur l'échafaud dressé à Bellecour, ou n'en furent délivrés que le 26 juillet 1794. Une scène terrible s'y déroula lors de la réaction thermidorienne. Le 4 mai 1795, le tribunal ayant prononcé une simple condamnation aux galères contre un terroriste, la foule devint furieuse, força les portes de la prison, en arracha le condamné et le mit en pièces ; puis, enivrée de sang, elle courut aux Recluses où elle jeta par les fenêtres et égorgea tous ceux qui y étaient enfermés. Quarante-trois terroristes environ trouvèrent la mort en ce jour néfaste.

Mais des temps plus heureux se levèrent pour l'Eglise de France, le Concordat fut signé entre le Saint-Siège et le Premier Consul. On rétablit l'ancien culte catholique, et le 20 juillet 1803, Son Eminence le Cardinal Fesch nomma les membres d'une Commission, qui devait établir les délimitations des nouvelles paroisses de la Ville de Lyon. Déjà, le 13 février 1803, le *Bulletin* de Lyon avait publié la liste des curés et des desservants. C'est donc à cette époque que remonte l'érection de la paroisse Saint-François de Sales.

Après d'assez nombreuses délibérations, on lui assigna pour territoire la circonscription actuelle. Au nord, elle était limitée par la place des Jacobins et l'axe de la rue Confort, côté sud; à l'est, par le quai de l'Hôpital et le quai de la Charité jusqu'à la place Grôlier; au midi, par la rue Sainte-Hélène jusqu'à la rue Saint-François-de-Sales; à l'ouest, par la rue Saint-François-de-Sales, les deux côtés de la rue Boissac, par la façade Saône de Bellecour, et enfin tout le groupe de maisons dont la face principale est sur la rue Saint-Dominique et qui se prolonge jusqu'à la rue Port-du-Temple. Elle comprenait environ 10.000 âmes.

Le (20 thermidor an XI) 8 avril de la même année, le préfet du département du Rhône prenait un arrêté par lequel l'Etat cédait à la Succursale Saint-François de Sales « le bâtiment des Pénitentes, les échoppes y attenantes, la première, la deuxième, la troisième cour, et l'aile des bâtiments adossés à la grande sacristie », et les affectait définitivement au logement du desservant de Saint-François de Sales et de ses vicaires. Ce fut seulement le 5 avril 1804 (15 germinal an XII) que la cession fut accomplie.

L'église, connue sous le nom de Sainte-Madeleine, appartenant avant la Révolution aux Filles pénitentes et Recluses, devenait donc l'église paroissiale sous le vocable de Saint-François de Sales. Le nom du saint Evêque de Genève devait rappeler aux générations futures la petite chapelle élevée sur le territoire de la nouvelle paroisse, à la place où le saint avait rendu sa belle âme à Dieu (1). Le culte dont il allait être ho-

(1) Au sujet du lieu précis de la mort de saint François de Sales, on sait que le saint Evêque rendit le dernier soupir dans la maison du jardinier du couvent de la Visitation Sainte-Marie de Bellecour. Or, voici quel était, en 1622, l'emplacement de ce monastère et de la maison du jardinier.

Le premier couvent de la Visitation de Lyon, dit de Sainte-Marie de Bellecour, parce qu'il était situé près de cette place, occupait un vaste espace entre les rues Sala et Sainte-Hélène, depuis la rue Saint-Joseph à l'est, jusqu'au mur de clôture à l'ouest, qui dernièrement encore séparait le couvent des religieuses de Sainte-Claire de l'ancienne maison des jésuites ; la rue Saint-François-de-Sales, primitivement Sainte-Marie, n'avait pas encore morcelé le tènement du monastère.

Le cloître s'étendait le long de la rue Sala, en face de l'hôtel actuel du gouverneur militaire, sur une longueur de trente-six à trente-sept mètres, c'est-à-dire depuis la porte du n° 3o jusqu'au mur occidental du n° 26. L'entrée, formée d'un petit portail sur l'archivolte duquel on lisait : *Monastère de Sainte-Marie*, s'ouvrait à dix mètres environ de la rue Boissac dans la direction de l'est. Elle a été

noré devait, en prenant plus d'éclat, être la continuation de celui que les directrices de

démolie, il y a quelque trente ans seulement, ainsi que le cloître dont les murs et les arcs étaient couverts d'inscriptions en français tirées des psaumes.

L'église prolongeait le cloître, le long de la rue à l'ouest, jusqu'à un mètre cinquante à peu près au delà de la porte de la gendarmerie actuelle, le tout empiétant beaucoup sur la rue, qui avait alors six mètres à peine de largeur, tandis qu'elle en a maintenant huit et dix, dont le surplus a été pris en entier sur les terrains du monastère démoli.

En retour d'équerre sur le chœur de l'église, qui était régulièrement orientée, et contre le flanc occidental du cloître, était appuyé le chœur des religieuses, dont l'emplacement reste encore en grande partie. Il est représenté par l'espace vide entre la gendarmerie et le numéro 26, formant une cour à laquelle on accède par un vaste portail s'ouvrant juste en face du débouché de la rue Boissac. C'est donc là que reposa, pendant un mois, le corps du saint en attendant que la cour de France eût décidé s'il serait gardé à Lyon ou rendu à la Savoie.

Tout le reste du tènement se composait d'un vaste jardin clos de murs. A l'angle sud-est des rues Sainte-Hélène et Saint-François-de-Sales, était, une maisonnette comprenant l'habitation du jardinier au rez-de-chaussée et dessus deux pièces

la communauté des Filles pénitentes avaient
eu dès l'origine pour leur saint fondateur.

pour l'aumonier. Celle qui était du côté de l'est,
fut occupée par le saint évêque pendant son
séjour, et c'est dans cette chambre qu'il mourut.

Devenue un objet de vénération, elle fut transformée en chapelle et subsista ainsi jusqu'à la
Révolution, qui la fit vendre avec tout le tènement
du monastère, mais elle ne fut démolie qu'à la
Restauration, lorsque fut construite la nouvelle
caserne de gendarmerie.

Il est facile de reconstituer sur le terrain actuel
l'état ancien des lieux. L'une des deux pièces
correspond exactement à la chambre qui fait l'angle de la caserne, et où se trouve l'inscription
commémorative, et la cloison orientale de cet
appartement est exactement à la même place que
le mur de séparation de la chapelle commémorative, qui s'étendait à l'est sur une longueur de
onze mètres environ, et allait par conséquent jusqu'au delà de la troisième fenêtre de la caserne,
le mur extérieur affleurant le montant oriental de
cette fenêtre, et la surface de la chapelle pénétrant de quatre mètres cinquante dans l'intérieur
des logements actuels. Mais comme la rue a été
élargie d'une égale dimension de quatre mètres
cinquante, il est arrivé que la moitié de la chambre
de saint François de Sales a formé une partie de

Le premier curé fut M. Mathevet. Il eut pour vicaires : MM. Marchand et Marié.

la voie publique. Ainsi, mesurant en ligne droite sur la rue, à partir du mur de la gendarmerie, d'un point juste au milieu entre la première et la seconde fenêtre, jusqu'à quatre mètres cinquante sur la rue, tournant ensuite à gauche et remontant à l'est sur une distance de onze mètres et revenant sur le mur de la gendarmerie pour tomber sur l'enchant de la troisième fenêtre, on aura circonscrit le périmètre de la moitié de la chambre où est mort l'illustre évêque d'Annecy, l'autre moitié se trouvant à l'intérieur de la caserne et occupée par la majeure partie des deux logements correspondants.

Outre cela, il est à noter que l'autel de la chapelle se trouvait adossé au mur de séparation des deux pièces, faisant face à l'est et non au couchant, comme il eût dû être placé d'après les règles liturgiques. Cette disposition anormale permet de supposer qu'on avait choisi l'endroit même où se trouva le lit du saint. Si cette conjecture est exacte, on peut déterminer d'une manière plus précise encore le lieu où est mort saint François de Sales. Il suffit de calculer l'espace occupé par un de ces grands lits du xviie siècle, en réservant, en avant de la muraille, trente à quarante centimètres pour la ruelle. On obtient ainsi une surface d'étendue en large jusqu'au milieu de la

Le premier Conseil de fabrique fut composé à cette époque de :

MM. Rambaud de Monclos ;
de Saint-Fond de Penhoët ;
Sibeaud de Beaussemblant ;
Balland de Chamburcy.

seconde fenêtre, et en long d'environ quatre mètres cinquante sur la rue et d'autant sur l'intérieur de la caserne, qui désigne ainsi l'emplacement exact du lit, sauf réserves à l'égard de ses dimensions réelles.

En résumé, la plaque commémorative devrait être placée, non pas à l'angle de la caserne, mais près de la seconde fenêtre. Il y aurait même mieux à faire, on pourrait tracer le périmètre de la chambre, sur la chaussée et le trottoir, au moyen de pavés et de bitume de couleurs distinctes, comme on l'a fait à Paris pour marquer l'emplacement d'édifices disparus. Une place qui a été sanctifiée par la mort d'une personnalité aussi pure, aussi bienfaisante, ne mérite-t-elle pas d'être signalée à la mémoire, à la vénération de tous, mieux encore que ces monuments qui évoquent le souvenir d'hommes et d'événements, célèbres il est vrai, mais presque toujours inutiles et vains et trop souvent néfastes ? (A. STEYERT, *Echo de Fourvière*, 2 février 1889.)

Ainsi la paroisse Saint - François de
Sales fut officiellement érigée vers la fin
de 1803; cependant, il est bon d'ajouter
que le culte, à un titre quelconque, y était
déjà établi depuis deux ans. Dans une
lettre qu'il écrivit en 1829, M. Julliard
affirme, en effet, que ce fut dès 1801 qu'il
ouvrit l'église, par ordre de l'administration eccléslastique. Ce qui n'est pas dou-
teux, c'est que le 14 juillet 1802 (25 messi-
dor an X) on avait loué le chœur des dames
pour la somme de 285 francs. De plus, le
premier acte de baptême fut enregistré le
3 août 1802. L'acte archiépiscopal n'avait
donc fait que consacrer une situation déjà
acquise et organiser définitivement et canoniquement une paroisse déjà en exercice.

PÉRIODE D'ORGANISATION

1802-1828.

APRÈS le Concordat, les églises avaient
bien été ouvertes et rendues au
culte, de nouvelles délimitations de paroisses avaient été faites, mais l'œuvre de
restauration était loin d'être accomplie.
Soit qu'une partie des édifices religieux
eût été aliénée, soit mauvais vouloir du
personnel administratif, ce ne fut que peu
à peu et après bien des luttes que les
églises furent en possession de ce qui était
nécessaire pour accomplir décemment le
culte divin. En voyant de nos jours les
résultats acquis, on ne peut que bénir la

Providence et louer les hommes de haute intelligence et de bonne volonté, animés d'un grand esprit de foi, qui ont concouru à cette œuvre.

Quand M. Mathevet prit possession de la Succursale Saint-François de Sales, l'Etat n'avait rendu au culte que l'espace compris actuellement par la grande nef de l'église, et encore il n'y avait ni autel, ni chœur, ni cloches. Le presbytère était alors composé d'un rez-de-chaussée, du premier étage et d'un grenier; il était entouré d'échoppes, de cours divisées en plusieurs parties. Le tout était dans un délabrement qu'explique assez la période révolutionnaire qu'on venait de traverser.

On se mit généreusement à l'œuvre, on commença à réclamer à l'Etat le chœur des Dames pénitentes et celui des Recluses. Les fidèles firent élever à leurs frais une magnifique chapelle en l'honneur de la Sainte Vierge, et fournirent les ressources nécessaires pour faire les réparations les plus urgentes à la maison curiale.

Le 11 avril 1806, M. Mathevet fut remplacé par M. JULLIARD (1). Le rôle du premier curé avait été modeste, sans éclat, mais il avait su habilement triompher de grandes difficultés. Celui de M. Julliard, son successeur, se signalera davantage : il achèvera d'organiser église et presbytère, et quand, vingt-deux ans plus tard, il cèdera à son tour la direction de la paroisse, son successeur n'aura qu'à parfaire les constructions commencées.

M. Julliard n'était point un inconnu pour la paroisse qu'il était appelé à diriger. Sous la Révolution, avant toute organisa-

(1) M. Charles Julliard, né le 30 avril 1754, fut d'abord curé dans le diocèse d'Auxerre, vint pendant la Révolution exercer le saint ministère à Lyon, fut nommé desservant de Saint-François de Sales en 1806, curé de deuxième classe en 1827, démissionnaire en 1829, mourut en 1839.

tion, il y avait exercé le ministère ; il put même croire un instant qu'il en était nommé curé, il signa en cette qualité un acte de baptême, mais l'administration diocésaine en avait jugé autrement. Ce ne fut qu'en 1806 que cette charge lui fut confiée.

En souhaitant la bienvenue au nouveau curé, M. Rambaud de Monclos lui disait : « Monsieur le Curé, vous aviez des droits sur cette paroisse : elle est presque votre ouvrage ; vous l'avez toujours chérie et soutenue par votre zèle tendre et désintéressé ; vous saurez un jour la faire briller de la véritable gloire. »

M. Julliard fut, en effet, un *prêtre zélé* Il dépensa ses forces à cette œuvre d'organisation temporelle, mais il ne négligea point les intérêts spirituels de ses ouailles. A' parcourir le livre des confréries, les brefs des indulgences, on voit avec quels soins sa piété tendre cherchait à procurer

à ses paroissiens tous les trésors de la
sainte Eglise. Ame généreuse, il le fut
aussi sans compter ; il donna de sa propre
fortune et procura par son savoir-faire les
ressources nécessaires à l'œuvre qu'il avait
entreprise. On aime à l'entendre réclamer
des secours « pour embellir son église, afin
qu'on puisse y exercer le culte avec toute
la pompe et la dignité convenables et recevoir plus facilement et commodément
ses paroissiens remarquables par leur nombre, leur espèce, leurs qualités morales
et religieuses ». Ce langage était compris, et le Conseil de fabrique, acquies-
çant aux désirs de son curé et de son président, acceptait plans et devis, reconnais-
sant volontiers « qu'il était autorisé par
une longue expérience à compter sur les
libéralités des paroissiens ; que dans les
œuvres importantes la Providence n'avait
jamais fait défaut à ceux qui avaient confiance en Elle ».

M. Julliard avait, en effet, trouvé dans son Conseil de fabrique des hommes de foi. Eux aussi par des démarches incessantes, des soins assidus, des conseils de haute portée, des libéralités insignes, une habileté parfois remarquable, ils triomphaient des difficultés. Des vues larges, des conceptions d'ensemble s'alliaient très bien avec la précision la plus rigoureuse dans les comptes ; si parfois, faute de ressources, ils savaient attendre, d'autres fois, confiants en Dieu et en la générosité des paroissiens, ils savaient prendre la responsabilité de grosses dépenses.

Monsieur le Curé et son Conseil de fabrique trouvèrent aussi un bienveillant concours dans les autorités civiles et militaires. Maires, préfets, directeurs du génie, acquiesçaient avec empressement aux demandes qui leur étaient adressées, et ce fut grâce à ce mutuel concours que cette œuvre importante fut rapidement conduite.

Tels furent les hommes qui devaient s'employer à la fondation et à l'organisation de cette paroisse et les secours que la Providence mit dans leurs mains. Quant aux résultats, ils sont assez beaux pour légitimer les justes éloges que je leur ai adressés.

Le premier soin de M. Julliard fut d'embellir la partie de l'église que l'Etat avait concédée à son prédécesseur.

C'est à cette date (1807 et seq.) que remonte la création de la nef gauche. C'était d'abord un simple couloir, servant aux dames pénitentes pour le service de l'église, auquel était joint une étroite nef avec piliers, ouvrant sur la nef principale ; le tout fut agrandi, élargi ; on y établit les tribunes et on donna à l'ensemble les dimensions actuelles. Cette construction achevée, on décida de demander sur la prison militaire l'espace nécessaire soit pour ajouter à l'édifice, au midi, une nef latérale comprenant quatre arcs avec une tribune couvrant le premier, soit pour compléter la façade. Ainsi l'édifice devenait plus régulier plus proportionné au nombre des habitants. On réclamait également le terrain occupé actuellement par la chapelle du Sacré-Cœur et la petite sacristie qui mesurait alors cinq mètres de largeur sur quatorze mètres de longueur. Cette seconde demande fut agréée, et l'espace réclamé fut concédé gratuitement le 16 août 1816. Mais la première demande nécessitait le concours de plusieurs administrations ; elle gênait en particulier un service public, celui de la prison militaire. D'abord repoussée, après de nouvelles instances elle fut accordée en 1826, mais à des conditions assez onéreuses.

Le Conseil municipal décidait à cette date la création de la place actuelle Saint-François, « place indispensable, dit le rapporteur, pour éviter les accidents au milieu de rues étroites, encombrées, le dimanche, d'une foule considérable et d'équipages nombreux ». Il accordait à la fabrique l'emplacement demandé, concédait même quelques mètres de plus, pour permettre d'ouvrir un cinquième arc, qui, en agrandissant l'Église, lui donnait toute la régularité dont elle était susceptible.

En attendant l'heureuse solution de la démarche faite auprès de la municipalité, on ne resta pas inactif. Entre 1816 et 1826, M. de Verna, acheta, au nom de la Fabrique, l'ancien réfectoire des Filles pénitentes de Lyon. Cet immeuble occupé actuellement par nos écoles paroissiales, avait été vendu en 1807, par le domaine, au sieur Bordés, sellier de sa profession ; il l'avait acquis à bas prix et trouva un large bénéfice en le cédant. Le bâtiment n'était alors composé que d'un rez-de-chaussée, d'un premier étage et d'un grenier. Il n'avait point d'escalier pour le desservir, et empruntait celui de la cure ; il prenait d'autre part ses jours sur la cour et les dépendances de la maison presbytérale, c'est ce qui en avait fait désirer l'acquisition. On s'empressa d'en restaurer les principales parties et de créer ainsi de nouvelles ressources pour la Fabrique. M. de Nolhac achetait aussi, au chevet du sanctuaire dans le jardin de Mlle Echarlod, le terrain nécessaire pour la construction du chœur de l'église actuelle. Dans le même intervalle de temps, on éleva le clocher actuel et on le dota de quatre cloches qui y sont encore aujourd'hui ; elles furent solennellement bénites, le 23 avril 1823 (1).

(1) Inscriptions existant sur les cloches de Saint-François :

1° La grosse cloche, poids 3.600 l.

Faite à Lyon Anno Domini MDCCCXXIII par Joseph Frèrejean.

Parrain : M. le comte René de Brosse, gentil-

Dans la même période, le mobilier de l'église s'enrichissait notablement : stalles,

homme de la chambre du Roi, maître des requêtes en son conseil d'Etat,

Officier de la Légion d'honneur, Préfet du Rhône.

Marraine : Mme la vicomtesse Paultre de la Mothe, épouse de M. le lieutenant général, commandant la 19e division, née Charles-Françoise Royer de Belon.

Je m'appelle RENÉE-CHARLES-FRANÇOISE.

2° La grosse cloche. Poids, 2.200 l.

Parrain : M. François-Gabriel de Savaron, maréchal de camp.

Marraine : Mme Bonne-Marie de Saint-Trivier, née de Laval.

Je m'appelle GABRIELLE-BONNE,
faite à Lyon anno Domini MDCCCXXIII
par Joseph Frèrejean.

3° Cloche. Poids, 1.800 l.

Parrain : Marquis Alphonse-François-Bonne de Regnaud de Parcieux.

Marraine : Suzanne-Césarine de Maindestre, épouse de M. de Lapape.

Je m'appelle SUZANNE,
faite à Lyon anno Domini MDCCCXXIII
par Joseph Frèrejean.

grand autel en marbre noir, ostensoir en vermeil, dais d'une valeur exceptionnelle. Le pieux curé pensait à tout, et pourvoyait à ce que le culte dans son église fut dignement organisé.

Enfin, le 27 septembre 1828 fut donnée l'adjudication des travaux pour la construction de l'église.

M. Dulin fut l'architecte; M. Chenavard, architecte de la préfecture fut chargé du contrôle; M. Montagnon, entrepreneur des travaux militaires, eut l'adjudication en ce qui concernait les fondations, la maçonnerie et la charpente. La dette contractée jusqu'ici par la Fabrique s'élevait à

4° Cloche. Poids, 1.500 l.

Parrain : M. le comte Laurent de Loras.

Marraine : Mme la marquise Jeanne-Antoinette, veuve de Leusse, née de Loube.

Je m'appelle MARIE-ANTOINETTE,

faite à Lyon anno Domini MDCCCXXIII

par Joseph Frèrejean.

60,000 francs; il fallait y ajouter les devis de la nouvelle construction. On décida d'avoir recours à une souscription dans la paroisse.

PÉRIODE DE CONSTRUCTION

1829-1855.

———

Monsieur Julliard, on le voit, avait agrandi et embelli l'ancienne chapelle Sainte-Madeleine, avait ajouté une nef latérale, édifié des tribunes, construit un clocher. De plus, il avait acquis les terrains nécessaires, soit au chevet de l'ancien sanctuaire pour la construction du chœur, soit au midi pour élever la nef latérale de droite. Il avait encore acheté et pour ainsi dire reconstruit la maison de la rue François-Dauphin, et ainsi augmenté par des locations les ressources de la Fabrique. La nouvelle souscription lancée en

1828 avait réussi et produit environ 90,000 francs. Pendant ses vingt-deux années, il avait dépensé pour son œuvre près de 200,000 francs.

En 1827, la Succursale Saint-François de Sales fut élevée au titre de *cure* de deuxième classe.

Parmi les actes consignés dans les registres de la paroisse, nous aimons à en signaler deux. Le 18 avril 1826, fut baptisé Antoine Chevrier, saint prêtre dont on vient de commencer le procès de béatification. En 1828, 7 février, fut baptisé à Saint-François, Adolphe-Louis-Albert Perraud, qui devait être plus tard l'Éminent Cardinal Évèque d'Autun et Membre de l'Académie française.

A cette époque, le vénéré Curé sentit que son rôle était fini : les nouveaux travaux à entreprendre demandaient, selon lui, des épaules plus robustes, une activité moins éteinte. Il résolut donc de donner

sa démission et réalisa son projet le 22 décembre 1829. Il mourut dix ans plus tard,
après une longue maladie, laissant 14,000
francs, pour la Fabrique, moyennant quelques legs particuliers à exécuter.

Son successeur fut M. l'abbé NEYRAT (1),
qui avait déjà été vicaire à Saint-François
vers 1815, et qui depuis avait donné des
preuves de son zèle et de son intelligence
des affaires dans la conduite de la populeuse
paroisse Saint-Louis de la Guillotière. On
peut dire de lui qu'il fut un *administrateur
habile*. Il poussa avec activité les travaux
entrepris, et sut se procurer de nouvelles
ressources. Sous son impulsion, dons, legs,

(1) M. Camille Neyrat, né en 1774, fut vicaire à
Saint-Louis de la Guillotière, vicaire à Saint-François de Sales de 1811 à 1817, curé de Saint-Louis
de la Guillotière de 1817 à 1829, curé de Saint-
François de Sales en 1829, décédé en novembre
1841.

rentes viagères, prêts avantageux et appels fréquemment renouvelés à la générosité inépuisable des paroissiens pourvurent aux dépenses urgentes. Il ne se passait presque pas de réunion du Conseil de fabrique sans qu'il n'eût à annoncer quelques nouvelles libéralités. Sa sagacité, sa prévoyance ne furent point mises en défaut dans les affaires contentieuses qu'il eut à traiter : démêlés avec les voisins qui empiétaient sur les terrains achetés par l'Église ; rapports délicats avec les architectes et les entrepreneurs qui avaient outrepassé trop largement les devis, manqué de surveillance pour les matériaux employés ou de prudence dans les réparations à faire ; tout fut conduit avec une sagesse consommée.

Il ne faut point oublier que les événements de 1830, qui venaient de changer le gouvernement, avaient, suivant ses expressions, « créé une détresse géné-

rale au sein de nombreuses calamités
publiques et particulières » et lui avaient
ainsi rendu la charge curiale plus lourde
et plus difficile. Dès ce moment les rapports avec l'administration civile devien-
nent moins favorables. A tous ses appels
fortement motivés, pour obtenir quelque
allocation, on fait la sourde oreille, et c'est
à peine si la Mairie consentit un don de
5.000 francs, lorsque le presbytère mena-
çant ruine, il avait été obligé d'aller chercher un autre logement pour lui et ses
vicaires, et dut, pendant deux années,
abandonner le local accordé par la ville auquel les lois lui donnaient un droit absolu.
Vers 1840, l'autorité civile comprit mieux
les efforts qui étaient faits si généreusement, et la ville et le gouvernement vinrent par de nouvelles allocations au secours
de la Fabrique endettée.

S'il put mener à bonne fin son entreprise, il faut l'attribuer, disait-il lui-même,

au bon esprit et à la générosité de ses paroissiens, au zèle, au généreux concours, à l'ardent empressement de ses fabriciens, au dévouement de tous ses collaborateurs. Mais je puis ajouter que, si la charité des paroissiens avait si bien soutenu le Curé, c'est sa bonne direction et le sage emploi qu'il avait fait des ressources qu'on lui procurait et sa générosité personnelle, qui avaient éveillé et maintenu ainsi pendant plusieurs années la bonne volonté de tous.

Ce fut dans les dernières années de l'administration de M. Julliard et la durée du ministère de M. Neyrat, qu'on construisit la partie méridionale et occidentale de l'église actuelle. On fit le chœur, la façade et la nef latérale de droite, avec les tribunes qui la dominent. L'ancienne coupole fut démolie et remplacée par une autre plus en harmonie avec la nouvelle église. Le maître-autel restait placé au-dessous de cette coupole. On dut revoir les travées les plus anciennes, reconstruire la nef de gauche, car cette partie « menaçait la sécurité publique ». Enfin on fit, au-dessus des cinq nefs actuellement existantes, des plafonds à caissons, ornés de rosaces en relief, pour remplacer les voûtes lambrissées qui existaient auparavant. Cette œuvre, avec d'autres détails de moindre importance, fut achevée en deux années.

Au commencement de 1831, on prenait possession de la nouvelle église ainsi agrandie. Suivant un témoignage du temps, la partie réédifiée avait l'approbation générale: les plafonds étaient remarquables par leur richesse ; on ne reprochait qu'une chose à l'édifice, une trop grande clarté ; et l'on réclamait l'exhaussement du chœur et la reconstruction des deux chapelles de la Sainte-Vierge et du Sacré-Cœur, situées dans le transept.

Cette réfection avait coûté deux cent trente mille francs.

L'œuvre la plus importante, après la reconstruction de l'église, qu'eût accomplie
M. Neyrat fut la restauration du presbytère. Elle fut décidée en 1834.

Pendant qu'on faisait des réparations au
magasin situé, au rez-de-chaussée, à l'angle
de la rue Saint-Joseph et de la rue François-
Dauphin, la maison tout entière avait donné
coup, des décombres étaient tombés ; les lo-
cataires, n'étant plus en sûreté, durent s'éloi-
gner et chercher une autre habitation. M. le
Curé lui-même dut se réfugier rue de Puzy,
nº 6, actuellement rue Saint-Joseph, nº 24.

Le nouvel architecte de la Fabrique,
M. Pollet (1), fit l'inspection des lieux, dé-

(1) Jean Pollet, né en 1795, mort en 1839, fut
l'architecte de l'hospice de la Charité à Lyon, de
1826 à 1830. Il fut aussi l'architecte de Saint-Nizier
et d'Ainay. Il dirigea les premiers travaux de restauration de cette dernière église, et y construisit
entre autres la chapelle Saint-Martin et le baptistère. Il est le premier qui ait, à Lyon, remis en
honneur l'art du moyen-âge.

couvrit que seuls les murs d'angle avaient de sérieuses fondations, que toute la façade de la rue Saint-Joseph manquait de solidité. On décida alors de reprendre les fondations, d'exhausser le rez-de-chaussée, afin d'en faire des magasins avec entresol assez confortables, enfin d'ajouter un étage aux deux déjà existants. On avait même résolu de prolonger la maison tout entière jusqu'au perron de l'église; mais, à cette époque, les nos 12 et 14 de la rue Saint-Joseph, étant en saillie et ne laissant qu'un étroit passage, les agents de la voirie s'y opposèrent. Cette amélioration et l'agencement intérieur de l'immeuble laissés au zèle et à la sagacité des fabriciens « qui n'oublièrent ni les économies, ni les égards dus à la dignité du ministère paroissial », furent achevés en deux années. Le clergé reprit possession du presbytère vers le mois d'octobre 1836.

Deux ans plus tard, M. Neyrat fit lui-même don à l'église d'un orgue. Construit par Callinet, il fut placé dans la tribune au-dessus du tambour. Son prix était de 22,000 francs. Il fut solennellement inauguré le 9 novembre 1838. Le premier organiste fut M. Charles Widor, « un des élèves les plus distingués de Hertz, jeune homme pieux, et qui comprenait bien ce que devait être la musique religieuse de l'Eglise » (1).

Dès que les travaux de la cure furent

(1) Charles-François Widor, né à Ruffack (Alsace) en 1811, mort à Lyon le 6 avril 1899, fut organiste de Saint-François de 1838-1891.

Artiste apprécié et consciencieux, il conquit, à Lyon et dans la région, une réputation musicale bien justifiée.

Sous sa direction, se révéla le rare talent de Charles-Marie Widor, son fils aîné. Organiste de Saint-Sulpice depuis 1870, à Paris, il fit ses débuts sur l'ancien orgue de Saint-François. M. Widor est actuellement professeur de composition musicale, au Conservatoire national de Paris.

achevés, **M.** Neyrat continua ceux de l'église. **M.** Dulin avait perdu par ses fautes professionnelles la confiance du Conseil de fabrique, et déjà n'avait pas été appelé à diriger les travaux relatifs à la reconstruction du presbytère. **M.** Pollet, son successeur, n'étant pas d'un autre côté sympathique à la mairie et à la préfecture, on craignait que sa présence n'empèchât que des allocations fussent accordées par le gouvernement. On décida donc de choisir un autre architecte. **M.** Benoît fut nommé (1). On estimait en lui, la capacité,

(1) M. Claude-Anthelme Benoît, né à Lyon le 19 janvier 1794, étudia de 1806 à 1812 à l'Ecole impériale de dessin. Successivement inspecteur des travaux de la ville de 1812 à 1824, puis attaché aux travaux de M. Chenavard de 1824 à 1830, il fonda en 1830 avec ce dernier, Dardel et quelques autres, la Société académique d'architecture.

Membre du conseil des bâtiments civils du Rhône, de la commission municipale de Lyon, il reçut, en 1860, la croix de la Légion d'honneur.

Il est l'auteur du presbytère d'Ainay, de la res-

la prudence, surtout un goût exquis pour
la décoration des édifices religieux (3 juillet
1838). On se mit de suite à l'œuvre. Le
nouvel architecte dressa des plans; son
projet comprenait (1) :

1° La reconstruction des chapelles latérales, formant le bras de la croix : chapelles de la Sainte-Vierge et du Sacré-
Cœur, ainsi que des tribunes adjacentes
qui étaient dans un état de vétusté et
de dégradation propres à inspirer des
craintes.

2° La réfection de la sacristie, ainsi que
des fonts baptismaux, qui jusqu'ici étaient
placés dans un local obscur et humide.

3° La reconstruction du dôme et des
piliers qui le supportent; l'ancien, cons-

tauration de cette église elle-même, de la construction du clocher méridional et du portail de Saint-
Nizier, de la façade de Saint-Bonaventure; il a
dressé les plans de l'église de la Rédemption.
  Il est mort, le 4 mars 1875.
  (1) Conseil de fabrique, séance du 19 juillet 1839.

truit avec des matériaux légers, réclamait de continuelles réparations.

4° L'agrandissement du chœur, sa mise en état et en harmonie avec le reste de l'église.

5° La construction de deux nouvelles chapelles au fond des bas côtés dans le bras de croix, près du chœur.

6° L'élargissement de la nef transversale pour la régulariser.

Le devis dressé était de 239,744 fr. 31 ; une semblable somme, ajoutée à 72,000 fr. de dettes qui restaient à payer, effraya, à juste titre, le Conseil de fabrique, qui réclama de nouveaux plans plus en rapport avec ses ressources. Le devis fut ramené à 116.000 francs.

Ce plan approuvé par le Conseil, fut autorisé par la Préfecture. L'adjudication fut donnée, le 10 septembre 1841, au sieur Jamot, qui acceptait l'entreprise avec un rabais de 22 %. On allait commencer les travaux, lorsque **M.** Neyrat mourut, le 25 novembre 1841. Il était usé par le travail et par le chagrin : des banqueroutes et des faillites l'avaient, en effet, vers la fin de l'année 1840, atteint lui-même et beaucoup de ses généreux souscripteurs.

A sa mort, il désigna, pour légataire universel, l'abbé Cherbonnière, et lui laissa le soin de transmettre, à la Fabrique, les vases sacrés, les linges et les ornements qui étaient sa propriété.

M. Devienne (1), curé de Saint-Pothin, fut installé au même titre à Saint-François,

(1) M. Devienne François-Joseph, né à Lyon en 1794, élève du petit séminaire de l'Argentière, ordonné prêtre en 1814; professeur de l'école cléricale de Saint-Louis, aujourd'hui Notre-Dame Saint-Vincent; en 1817, vicaire à Saint-Louis de la Guillotière; en 1827, premier curé de Saint-Pothin; en 1842, curé de Saint-François de Sales; en 1868, après sa démission, chanoine titulaire de la Primatiale Saint-Jean; décédé le 14 février 1882.

le 23 janvier 1842. M. Neyrat, qui l'avait
eu comme vicaire à Saint-Louis de la
Guillotière, avait exprimé le désir de l'avoir
pour successeur. C'était un homme d'un
abord imposant : ses manières étaient dis-
tinguées ; il y avait, dans toute sa personne,
un grand air de noblesse, qui s'alliait très
bien avec la bonté. Il appartenait, par sa
naissance, à une de ces antiques et honorables familles lyonnaises, qui conservent,
avec les traditions de travail et de simplicité, l'attachement au sol natal. Le trait qui
caractérise le mieux son administration est
celui de l'autorité, et de l'autorité telle
qu'elle est exercée par ceux qui joignent, à
une grande sûreté de vues, une véritable
fermeté de caractère. L'expérience qu'il
avait acquise dans ses fonctions précéden-
tes ajoutait à ses qualités personnelles une
souplesse dans l'exercice de l'autorité, que
peu possèdent à un si haut degré. C'était,
en un mot, ce qu'on est convenu d'appeler

un *grand* curé. Il le prouvera dans maintes circonstances. Aussi jouissait-il, dans sa paroisse, d'une véritable considération.

Un de ses premiers actes comme curé, fut de réclamer qu'on revînt, pour l'achèvement de l'église, au plan primitif de M. Benoît. Quelle que fût la grandeur de la dépense, il estimait qu'il n'était point bon de faire à demi de semblables œuvres ; que le plan adopté n'améliorait rien ; qu'on irait lentement, s'il le fallait, mais qu'on ne négligerait rien pour rendre ce monument digne du quartier qui s'embellissait tous les jours et des paroissiens qui devaient le fréquenter.

Son avis prévalut. On commença aussitôt la construction de la sacristie et du baptistère ; on établit, au-dessus de la sacristie, un étage destiné à une grande salle de réunions, et au-dessus du baptistère la tribune actuelle. En même temps, on construisit le magnifique escalier qui y conduit. Ces travaux furent exécutés dans les années 1842-1843.

Ce n'était qu'un premier pas dans l'œuvre entreprise. Dès 1844, on décida d'ouvrir une nouvelle souscription. En quelques mois, on recueillit 90.000 francs : le gouvernement accorda un secours de 30.000 francs ; et, dans l'hiver de 1845, on se mit à l'œuvre. Tout fut mené avec une grande activité et exécuté avec soin. On put jouir de l'église, complètement achevée, le jour de la Toussaint 1847.

Un critique, parfois sévère, qui, en 1846, avait affirmé qu'on ne ferait jamais rien de rigoureusement présentable de ce temple d'une architecture hybride, écrivait, en 1848 :

« La restauration de cette église est à peu près achevée : elle fait le plus grand honneur à M. Benoît, qui a mis l'ordre dans le chaos. A force d'art, avec son élégante coupole, imitée de celle de Sainte-

Justine, de Rome, cet architecte est parvenu à faire une des plus belles églises de Lyon. » (1)

(1) Chevalier Joseph Bard, de la Pontificale académie romaine d'archéologie. *Revue du lyonnais,* Bulletin monumental et liturgique de la ville de Lyon.

L'Eglise Saint-François de Sales, est une église renaissance :

La longueur totale du porche au fond
    de l'abside est de................... 54^m.
la largeur totale intérieure au bas de
    l'église est de..................... 20^m.
la hauteur sous clef de voûte dans la
    grande nef est de................. 15^m.
la longueur de la grande nef dans l'in-
    térieur des barrières est de......... 24^m.
la largeur de la grande nef entre colon-
    nes est de........................ 8^m 5o.
la longueur du chœur de la table de
    communion à l'abside est de........ 22^m.
chaque bras de croix est long de la
    barrière au mur de................. 12^m.
chaque bras de croix est large de..... 8^m 5o.
les basses nefs ont une longueur de... 21^m.
les basses nefs ont une largeur entre
    colonnes de....................... 4^m 25.
les basses nefs ont une hauteur sous

Hélas ! plus d'une fâcheuse suprise aurait découragé de moins vaillants. A mesure que les travaux décidés se poursuivaient, de nouvelles améliorations s'imposaient. Il fallut acheter du terrain pour les chapelles construites récemment de chaque côté du maître-autel ; échanger avec l'autorité militaire du terrain déjà acquis pour donner au chœur une forme plus régulière ; remplacer dans les nefs les plafonds à caissons par des voûtes à arcades et les mettre ainsi en harmonie avec les voûtes du chœur restauré ; ajouter des dosserets aux murs des

clefs de voûtes de....................	7^{m} 20.
Divisé en 5 travées, chacune ayant en largeur................................	3^{m} 3o.
le dôme est un octogone de pans irréguliers deux par deux ; la circonférence à la base.......................	25^{m}.
la hauteur au sommet de la croix est d'environ............................	25^{m}.
les tribunes ont même longueur et même largeur que les basses nefs, la hauteur est de......................	3^{m}.

bas-côtés qui supportent les tribunes, et substituer une voûte en briques aux plafonds des basses nefs; modifier une troisième fois les piliers qui devaient supporter le dôme, et donner à celui-ci plus de hauteur et d'élégance; augmenter la force de résistance des colonnes placées au dessous du porche de l'église; faire quelques décorations bien simples; placer le maître-autel plus avant dans le chœur, et séparer le sanctuaire par la grande table de communion en cuivre doré; donner enfin aux fenêtres plus d'élégance et de légèreté, en divisant en deux parties égales des ouvertures qui comportaient auparavant un seul vitrail. Tout cela augmenta notablement le devis prévu; et, tout compte fait en 1851, en comprenant l'achat du terrain, on avait dépensé 434.899 fr.

Cruel embarras! Malgré les dons, les rentes viagères, et autres sources de revenus, on ne pouvait satisfaire aux légitimes exigences des entrepreneurs et des ouvriers : le gouvernement ne répondait rien aux sollicitations pressantes plusieurs fois renouvelées. On ne pouvait, sans témérité, faire appel aux ressources des fidèles, ressources amoindries pour plusieurs par les récents évènements politiques.

Curé et fabriciens furent à la hauteur de la situation ; sans hésitation, ils se reconnurent solidairement responsables des dettes contractées. Leur crédit, la grâce de Dieu aidant, produisit des merveilles. De nouveaux dons furent offerts ; et lorsque, en 1855, on résolut de liquider la dette avant d'entreprendre les décorations de l'église, une souscription de 100.000 francs fut couverte ; et la Fabrique, désormais à l'abri de fâcheuses échéances, put commencer, sans témérité, l'embellissement du temple qu'on venait d'élever à Dieu.

PÉRIODE DE DÉCORATION

1855-1900

———

LA nécessité de conduire le récit de la construction de l'église jusqu'au moment où la dette, créée par le travail entrepris depuis cinquante ans, avait été à peu près soldée, m'a empêché de signaler, en passant, quelques faits antérieurs à 1855, et qui méritent une mention spéciale.

Dans cet intervalle, en effet, M. Garnier, fabricien, avait acheté, de ses deniers personnels, la maison de M. Glas (le n° 14 de la rue François-Dauphin), et avait ainsi augmenté les revenus de la fabrique.

De même, en 1851, M. Zeiger avait remonté l'orgue sur la tribune consolidée, l'avait restauré, et y avait ajouté deux jeux. L'ancien organiste, M. Charles Widor, reprit possession de son clavier avec recommandation expresse « de ramener son jeu à un mode plus approprié aux cérémonies religieuses. »

Le premier embellissement de l'église fut la reconstruction de la chapelle de la Sainte-Vierge. Déjà cette restauration avait été décidée, en 1854, lors de la proclamation du dogme de l'Immaculée Conception; mais, pour des raisons bien connues, le projet avait été ajourné. Il fut repris en 1856, et rapidement achevé. Le plan est dû à M. Benoit; l'exécution de la statue de l'Assomption et des deux anges qui la supportent, fut confiée à M. Fabisch (1).

(1) Joseph-Hugues Fabisch, né à Aix-en-Provence en 1812, fut élève de l'Ecole des Beaux-Arts de cette ville, disciple de Clairian et ami de Saint-Jean, notre célèbre peintre de fleurs. Il se

M. Morel fut le sculpteur du rétable et du bas-relief qui décore le devant de l'autel.

fixa, vers 1840, à Millery, puis à Saint-Etienne, épousa en 1843 Mlle Testenoire-Desfuts, fut membre de l'Académie des Beaux-Arts en 1857, et directeur et professeur à l'Ecole des Beaux-Arts pendant de longues années, près de quarante ans. De 1843 à 1886, il multiplia les œuvres d'art tant sacrées que profanes, surtout sacrées, et embellit nos églises de statues et d'autels remarquables. Il est l'auteur de la statue qui surmonte le clocher de Fourvières, de celle de Notre-Dame de Lourdes, de la médaille de Fourvière déposée dans les assises de la Basilique Notre-Dame.

Il mourut, à Lyon, le 11 septembre 1886.

Il est bien regrettable que l'œuvre de ce grand statuaire si complète et si sérieuse au point de vue de l'art n'ait point encore trouvé d'historien, et que celui qui fut si longtemps membre de l'Académie des Beaux-Arts ait eu son œuvre apprécié uniquement par quelques articles nécrologiques ou quelques notices fugitives dans des comptes-rendus sur la statuaire.

A Saint-François, Fabisch est l'auteur de la statue de la Sainte-Vierge et des deux anges qui la supportent, du bas-relief de l'autel du Sacré-Cœur représentant Jésus avec les disciples d'Emmaüs, de celui de l'autel de Saint-Joseph représen-

La chapelle de la Sainte-Vierge représente, comme sujet principal, l'Assomption. L'auguste Mère de Dieu, portée par
deux anges, sort du tombeau. Dans un
mouvement bien accentué, elle s'élance,
avec toute l'ardeur de son âme, vers le
Père Eternel et son Fils, qui l'attendent
pour la couronner.

Dans ce monument, on peut louer sans
réserve l'œuvre de Fabisch ; on y trouve
les caractères qui distinguent ses créations :
une grande pureté de formes dans les
détails, une distinction exquise jointe à
une grâce pleine de charme dans l'expres-

tant saint Joseph et la Sainte Vierge contemplant
saint Jean faisant des caresses à l'Enfant Jésus. La
chaire, est aussi une de ses œuvres. Montée sur une
colonne richement sculptée, elle contient quatre
personnages en pied fièrement exécutés. Notre-
Seigneur, au centre, affirme qu'il est la voie, la
vérité et la vie. On remarque, à sa gauche, saint
Jean-Baptiste, le prédicateur de la pénitence ; à sa
droite, ses deux principaux missionnaires dans le
monde : saint Pierre et saint Paul.

ASSOMPTION DE LA B. V. MARIE

NI CORONABERIS

sion. La Vierge laisse entrevoir sur ses traits la béatitude de son âme, au moment où elle va revoir son divin Fils et recevoir sa récompense. L'artiste a su donner une souplesse remarquable à tout le mouvement, et, sans traits heurtés, il montre la Vierge, toujours maîtresse d'elle-même, allant au ciel avec le sentiment d'obéissance et d'humilité qu'elle avait manifesté toute sa vie.

C'est profondément beau et vrai! Les deux figures d'anges, ainsi que leur attitude, sont ravissantes.

L'énorme portique qui s'ouvre pour laisser un passage à Marie, s'il est bien traité au point de vue de la sculpture, paraît un peu mondain et d'un style peu en harmonie avec la scène qu'il s'agissait de compléter. La statue ressort peu dans cet encadrement. Quant au bas-relief de l'autel, qui représente, si on veut, la Nativité de la Sainte Vierge, il est d'une grande faiblesse de conception. Les traits des personnages ont peu de saillie, et presque rien ne dénote chez l'auteur un véritable artiste. Nous ne parlons pas du Père Eternel, du Christ, et de la Gloire qui, avec la colombe symbolique, représente le Saint-Esprit et surmonte tout le monument. Nous savons qu'ils ne sont que provisoires, et nous désirons qu'ils soient bientôt remplacés.

On s'occupa ensuite du dallage du chœur et des chapelles latérales, de la pose de la table de communion en cuivre, de la réfection des tambours, de l'établissement de la chaire.

Enfin, en 1858, on décida la décoration de la coupole, du dôme, et de toute l'église. On confia à Dénuel la décoration proprement dite, et Louis Janmot, déjà célèbre par la magnifique fresque de la Cène qui occupe la partie supérieure de l'abside de l'église Saint-Polycarpe, fut chargé des peintures qui devaient orner les quatre tympans de la coupole du dôme.

L'œuvre de Janmot (1) mérite d'arrêter notre attention.

(1) Louis Janmot, né à Lyon en 1814, élève de l'Ecole des Beaux-Arts de cette ville, fut un disciple d'Orsel et d'Ingres. C'est là qu'il connut la plupart des artistes formés à cet atelier célèbre. Ami, condisciple et émule d'Hippolyte Flandrin, il l'était aussi d'Ozanam, de Victor de Laprade, du Père Captier, de Rossini, de Gounod.

Lettré, poète et peintre tout à la fois, il a laissé dans nos églises de Lyon d'admirables fresques : la *Cène* de l'Antiquaille, celle de Saint-Polycarpe, le ravissant tryptique de la Primatiale Saint-Jean.

D'abord professeur à l'Ecole des Beaux-Arts de Lyon, il se fixa ensuite à Paris, où nous retrouverons ses œuvres à la chapelle des Pères de la Terre-Sainte, à Saint-Séverin et à la chapelle privée de Santeny. Il décora aussi des plafonds de l'Hôtel de Ville.

Outre ses travaux de peinture murale, il a fait une foule de portraits d'un rare mérite. Un des plus remarquables est celui du *Père Lacordaire*.

Il a publié tout un volume de poésies, ainsi qu'un autre ouvrage plein d'aperçus ingénieux sur l'art en général.

Janmot était un chrétien éprouvé. Dès 1833, il

Dans l'église Saint-François, elle se compose des quatre Évangélistes placés aux pendentifs de la coupole, puis des quatre grands Prophètes groupés deux par deux : Ezéchiel et Jérémie, Isaïe et Daniel, occupant le tympan de droite et de gauche de la coupole ; de deux sujets allégoriques : l'un représentant l'alliance de l'Ancien et du Nouveau Testament, l'autre l'accord de la science et de la foi. Le premier domine le maître-autel, le second est au-dessus de l'entrée du chœur. A la coupole elle-même, quatre anges aux ailes déployées se détachent sur fond d'or et sont séparés les uns des autres par les quatre symboles des évangélistes, rappel des figures placées au-dessous.

On doit encore à Janmot le tableau qui décore la chapelle du Sacré-Cœur. Il fut

faisait partie de la Société de Saint-Vincent-de-Paul.

Il est mort en 1892.

exécuté en 1863. Notre-Seigneur tenant en main le calice et la Sainte Hostie, derniers témoignages de sa tendresse envers nous, est représenté sous les traits les plus doux que l'artiste ait su exprimer. Il semble aller au-devant de ses créatures pour leur communiquer le sacrement de son amour. Des figures d'anges dans l'adoration et l'étonnement garnissent le fond du tableau. Auprès de Notre-Seigneur, des personnages dans une attitude différente expriment les mêmes sentiments d'admiration et d'adoration. Ces personnages sont saint Jean et la Sainte Vierge ; puis, aux pieds de Notre-Seigneur, sainte Madeleine et saint François de Sales.

Au point de vue de l'art, la figure et l'attitude de sainte Madeleine attirent particulièrement le regard : il y a dans les traits une finesse admirable, un coloris que le temps n'a pas trop altéré, un mouvement d'un naturel exquis. On y remarque le fini de la forme et les délicatesses du sentiment.

Sur cette œuvre de L. Janmot, voici comment Paul Saint-Olive s'exprimait dans un article de la *Revue du Lyonnais :*

« J'ai été vivement impressionné par cette œuvre remarquable ; c'est vraiment ici de l'art idéalisé. »

Ingres, son maître, parlant de quelques-unes des figures de Janmot, disait qu'il aurait été heureux de pouvoir les signer.

Nous ne pouvons séparer de l'œuvre de Janmot celle de M. Ravel de Malleval, qui décora la chapelle Saint-Joseph en 1866.

Cette toile, de moindre valeur artistique que la précédente, mérite pourtant une mention spéciale. Elle représente le repos de la Sainte Famille, à son arrivée en Egypte.

Saint Joseph, appuyé sur son bâton de voyageur, contemple, avec la satisfaction du devoir accompli, sa sainte épouse assise à l'ombre d'un palmier et tenant l'Enfant Jésus sur ses genoux. Des anges s'empressent autour de l'Enfant Dieu. L'un d'eux, au bas du tableau, lui présente des fleurs; un autre des fruits; un troisième verse dans une coupe une liqueur destinée à réparer les forces de la Sainte Famille; un autre enfin, descendant du ciel, semble voiler le soleil qui dardait des rayons trop ardents.

A côté des qualités maîtresses de coloris, d'arrangements des personnages, de naturel dans le drapé et l'attitude, on ne voit pas assez, se dégager l'idée qu'on veut représenter; un peu de mièvrerie dans la composition du sujet le dépare; l'œuvre religieuse, même dans ces détails d'intérieur de famille, n'a pas ce cachet de grandeur, de surhumaine beauté que le pinceau des grands maîtres nous a habitués à contempler.

Un regret qu'on ne saurait trop vivement exprimer, c'est que des tableaux de cette valeur, soient placés en un si mauvais jour et que la fumée des cierges ait détérioré, après quarante ans, des toiles dignes d'être appréciées des connaisseurs et d'être comptées parmi les plus belles de nos églises de Lyon.

Quant au travail de Denuel, autant qu'on en peut juger aujourd'hui, il se distingue par le bon goût dans l'heureux choix des tons et la simplicité du dessin, et fait ressortir, par opposition, les œuvres de valeur dont je viens de parler. Mais où le véritable talent de l'artiste se révèle plus particulièrement c'est dans la décoration des chapelles Saint-Joseph et du Sacré-Cœur. Là, un dessin très pur dans les lignes, qui se détache en relief bien accusé sur un riche fond d'or, des nuances habilement dégradées accusent une palette exercée et la connaissance approfondie de l'art décoratif.

Aussi, dès 1859, M. Bard, s'exprime ainsi dans un rapport adressé au ministère de l'intérieur : « La restauration de l'église Saint-François est de plus en plus magnifique. L'œuvre est, en tout, digne de la ville de Lyon. Nous avons, en la rue Saint-Joseph, une église de Toscane ou de Rome, et elle est une des plus belles de la région.»

La dernière œuvre, à laquelle le vénéré curé de Saint-François mit la main, fut la constitution en société civile de l'hospice des vieillards.

Tout en s'occupant si activement de la restauration et de l'embellissement de son église, il n'avait garde d'oublier les travaux de son ministère et en particulier le soin des pauvres qui semblait être un délassement pour cette âme si généreuse. S'il savait trouver des ressources pour la Maison de Dieu, il en trouvait aussi, et y prodiguait les siennes, pour les temples vivants de Jésus-Christ.

Avant 1841, Mlle Bottu de la Balmondière avait consacré à un hospice de vieillards l'intégralité des revenus d'une maison qu'elle possédait à l'angle de la rue Saint-Joseph et de la rue François-Dauphin. Elle y entretenait des vieillards des deux sexes, pris en nombre égal dans les deux paroisses Saint-Martin d'Ainay et Saint-François. Elle en faisait elle-même le choix, ou acceptait les personnes présentées par l'un ou par l'autre des curés de ces paroisses.

Vers 1841, elle désira donner à sa fondation la perpétuité, et assurer après elle son existence. Pour cela, elle la confia à un grand chrétien, M. Garnier, dont les œuvres de la paroisse célèbrent la grande générosité. Celui-ci, sur les ordres de la donatrice, après d'heureuses spéculations, vendit la maison et en distribua, par moitié, le prix à chacun des curés, avec charge pour eux d'entretenir à perpétuité autant de vieillards, que les revenus de la dite somme le permettraient. Ce fut alors que M. Devienne acheta, des frères Pérouse la maison de la cour de l'Intendance, où est actuellement situé l'hospice, dirigé par les sœurs de Saint-Joseph. Partie avec les ressources de la donation, partie surtout avec les sommes procurées par l'œuvre des pauvres, il en paya l'achat et la restauration ainsi que l'aménagement, et put ainsi procurer, à de pauvres vieillards, souvent victimes des revers de fortune, les dernières douceurs de la vie et surtout les suprêmes consolations à l'heure de la mort.

De nouvelles ressources s'ajoutèrent, par la générosité des fidèles, à la première donation de Mlle Bottu de la Balmondière. En prévision du monopole de l'Etat en matière d'assistance publique qui, tous les jours, s'affirme davantage, M. Devienne résolut de constituer en société civile l'hospice

dont il avait eu seul jusque-là l'administration.

Par acte passé devant Me Coste, notaire,
le 1er mai 1869, cette fondation, placée sous
la présidence nécessaire du curé de la paroisse, fut confiée à la sollicitude et à la responsabilité de cinq membres. Les premiers furent, avec M. le curé Devienne :
MM. Garnier, de Monteynard, C. de Gatelier, Gabet, et de Cotton. Heureuse combinaison, qui a permis, jusqu'à ce jour,
au curé de la paroisse, de garder intact le
patrimoine des pauvres, que la générosité
des fidèles lui avait confié.

Tant de travaux successifs et si admirablement conduits, avaient attiré les regards
du gouvernement sur le curé de Saint-
François de Sales. Cet homme, qui savait
si habilement diriger une paroisse, saurait, pensait-on en haut lieu, administrer
un diocèse. Plusieurs fois, de hautes influences essayèrent de triompher de sa

modestie : il opposa toujours à ces avances le refus le plus positif et le plus formel. Enfin, en 1867, on voulut essayer de vaincre ses répugnances. Le cardinal de Bonald, qui depuis plusieurs années avait nommé M. Devienne membre de son conseil, le fit appeler et lui fit la communication officielle.

« Monseigneur, répondit-il, je suis si éloigné de vouloir augmenter mes responsabilités et mes charges, que je pense à vous demander bientôt une place de chanoine titulaire. A mon âge on n'a qu'une seule ambition : se préparer à bien mourir. »

Le pieux cardinal ne put s'empêcher de répéter cette édifiante parole. Aussi à la première vacance, le vénérable Chapitre de la Primatiale Saint-Jean, désireux de compter dans son sein un membre aussi honorable, rappela à Son Eminence le désir exprimé par le curé de Saint-Francois. Ce fut au mois de mai 1868, que le vénéré curé quitta sa paroisse pour se préparer à bien mourir. Le bon Dieu lui fit attendre sa couronne jusqu'au 11 février 1882. Alors, il avait quatre-vingt-huit ans.

Pendant ces quatorze années, il sut disparaître entièrement d'un poste où il avait laissé son cœur, mais resta toujours devant Dieu le père de ses anciens paroissiens. Il continuait à prier pour eux, voulant, disait-il, réparer ainsi les oublis et les insuffisances de son ministère pastoral. Il applaudissait à tout le bien, à toutes les améliorations qui se faisaient, et savait toujours donner à tous la charité d'un bon conseil et d'une bonne parole. Aussi, quand Dieu le rappela à lui, de nombreux amis accoururent pour lui rendre les suprêmes honneurs. Les pauvres qu'il avait toujours si largement secourus, pleurèrent leur bienfaiteur, et sa vie de charité fut résumée dans ces paroles que disait l'un d'eux :

« Il mettait tant de grâce dans ses libé-

Mgr J. GOURGOUT

(1868-19..)

ralités qu'il semblait toujours vous remercier d'avoir pensé à lui. »

L'œuvre de M. Devienne était achevée : il ne restait plus à son successeur qu'à en jouir, et à ajouter, sans secousse, les améliorations que la succession des temps réclame chaque jour. Après les appels réitérés à la générosité des fidèles, les sollicitations pressantes de tous les instants, le bruit, le dérangement continuel occasionnés par tous ces travaux, il fallait le calme, le repos. Au règne de l'autorité sans rigueur, de l'activité sans cesse en éveil, devait succéder le règne de la prudence et de la bonté sans faiblesse.

Cette mission providentielle échut à M. Gourgout (1), curé de l'Arbresle. Tous

(1) M. Jacques Gourgout, né à Saint-Chamond le 15 janvier 1813, ordonné prêtre le 5 juillet 1840. Vicaire à Bourg-Argental, en 1840 — curé de Saint-Sauveur-en-Rue, 1857 — curé de l'Arbresle,

ceux qui le connaissent peuvent dire avec quel soin scrupuleux il l'a accomplie. Suivant le mot d'un Eminent Cardinal : « c'est *in vinculis charitatis* (1) » qu'il a exercé son action sur ses paroissiens. Son tact, son urbanité, la sûreté de ses conseils, aussi bien que sa bonté persévérante expliquent la large influence qu'il exerce. A juger extérieurement son œuvre, elle est moins apparente. Les grandes créations avaient été accomplies : mais quel fécond ministère !

Sous son administration, les œuvres de piété prennent un nouvel essor; les sacrements sont plus fréquentés, les solennités mieux suivies. Esprit bienveillant, il abrite

1859 — curé de Saint-François de Sales, 1868 — chanoine honoraire de Lyon, 1874 — prélat de Sa Sainteté, 1887 — chanoine d'honneur d'Autun en 1896.

(1) Osée, xi, 4. — Texte de l'allocution prononcée par le Cardinal Foulon aux noces d'or de Mgr Gourgout, le 20 mai 1890.

et couvre de son autorité pastorale toutes les entreprises du zèle. La paroisse est comme le lieu du rendez-vous où les institutions de la charité, les missionnaires, viennent plaider leur cause et recueillir de larges offrandes. Chose plus rare, il laisse faire beaucoup par les autres, il encourage toutes les initiatives, il est heureux du succès de ses collaborateurs, il applaudit à tous les efforts; et ceux qui vivent auprès de lui jouissent du bonheur qu'il sait si bien leur ménager. Il est béni des pauvres, consulté par les riches; et, si quelque bien s'accomplit, c'est souvent grâce à l'appui qu'il prête et à la confiance dont il jouit. Quelques-uns l'accusent d'être trop timide et de ne pas savoir mettre à l'épreuve la confiance qu'on lui témoigne. Mais n'est-ce pas là un grand art que de connaître exactement les limites de son action, et de rester plutôt en deçà que d'aller au delà? Suivant la parole de Mgr Darboy : « Le temps est un grand administrateur; il y a dans les choses une force secrète qu'il faut savoir diriger, si on ne veut pas être opprimé par elles » (1).

Extérieurement, ai-je dit, son œuvre fut moins apparente. Néanmoins elle est importante, et mérite d'être signalée. Successivement, il améliora le mobilier de l'église, acheta des ornements, fit placer des girandoles à gaz (1873), des confessionnaux (1884), remplaça l'orgue ancien par le merveilleux instrument de Cavaillé-Coll (1880), fit don d'une statue du Sacré-Cœur de Cabuchet, reçut un reliquaire véritable œuvre d'art d'Armand Calliat (1890), acheta le magnifique Chemin de Croix, et, par dessus tout, enrichit le trésor de l'église de l'inestimable ostensoir œuvre d'Armand Calliat, orné des diamants légués à la paroisse par Mme veuve Trimolet.

(1) *Vie de Mgr Darboy*, par le cardinal FOULON.

Les œuvres de piété se créent ou prennent, sous sa direction, plus d'extension. L'œuvre de l'Adoration Perpétuelle est réorganisée, la Confrérie du Rosaire est canoniquement érigée sur la paroisse. On fonde la Congrégation des Enfants de Marie, et, à quinze ans de distance, celle de l'Immaculée-Conception pour les jeunes gens. Les œuvres de la Propagation de la foi, de saint François de Sales, du Denier de saint Pierre, des Soldats, des Facultés catholiques, augmentent dans la paroisse le chiffre de leurs recettes, moins par la richesse des paroissiens que par la parfaite organisation, dont elles jouissent.

Les œuvres de charité, qui sont pour ainsi dire ses œuvres de prédilection, sont de plus en plus prospères ; et sa générosité connue de tous, unie à celle de ses paroissiens, permet de secourir un plus grand nombre de malheureux.

Les Écoles chrétiennes, enfin, cette

lourde charge annuelle pour tous ceux qui ont souci des âmes des enfants, sont entretenues, encouragées. Un magnifique local reçoit désormais les enfants des Frères et des Sœurs, et une chapelle est créée pour leur permettre d'entendre la Sainte Messe, de recevoir plus aisément les instructions de leur pasteur, et de participer chaque mois plus intimement au Banquet divin.

Plusieurs des œuvres ci-dessus mentionnées, qui constituent le trésor de l'église, sont des œuvres d'art et à ce titre elles méritent une description plus détaillée.

ORGUE (1880)

LE grand orgue de Saint-François, œuvre de la maison Cavaillé-Coll, a été bénit le 16 décembre 1880, par Son Eminence le Cardinal Caverot.

M. Richoud, vicaire général, a prononcé le discours d'usage et a pris pour thème : *Des rapports de la religion avec les arts en général, et, avec la musique, en particulier.*

M. Charles-Marie Widor, organiste de Saint-Sulpice, a tenu les orgues pendant la cérémonie, et exécuté plusieurs morceaux composés par lui à cette occasion.

Quelques jours auparavant, une Commission d'expertise en avait fait un examen minutieux. Voici le rapport dressé

par elle ; il expliquera mieux, qu'on ne saurait le faire, la valeur de cet instrument, le
meilleur en son genre qui existe actuellement à Lyon. Il est aussi le plus complet,
car il possède quarante-cinq jeux.

L'an mil huit cent quatre-vingt et le mercredi
quinze décembre à une heure de l'après-midi ;

Sur la réquisition de Monsieur le curé et de
Messieurs les membres du conseil de fabrique de
l'église Saint-François de Sales de Lyon, à la sacristie de cette paroisse,

Et en présence de M. Cavaillé-Coll, facteur de
grandes orgues demeurant à Paris,

Se sont réunis les membres soussignés de la
Commission chargée de l'expertise et de la récep-
tion du grand orgue nouvellement établi par
M. Cavaillé-Coll dans le chœur de la dite église de
Saint-François.

La commission est composée de :

MM. le général Février,
de Boissieu,
l'abbé Stanislas Neyrat, maître de chapelle à la Primatiale,
l'abbé Condamin, professeur à la Faculté
catholique des Lettres,
Paul Trillat, organiste de la Primatiale,
E. Lacombe, 52, rue de Lyon,

MM. F. Laurent, organiste à l'institution des Chartreux,

Emile Amagat, professeur de physique à la Faculté catholique des Sciences,

Tous domiciliés à Lyon.

Et Hippolyte Réty, maître de chapelle à l'église Saint-Pierre de Macon, demeurant en cette ville.

A l'unanimité des suffrages, M. le général Février, a été nommé Président de la Commission et MM. Lacombe, Laurent et Réty, secrétaires.

La Commission a immédiatement procédé à son opération.

Chacun des jeux de l'orgue a été examiné et entendu, séparément, par note : tous ces jeux, répartis sur trois claviers à mains et un clavier de pédales, ont paru bien diapasonnés et harmonisés, les dessus bien équilibrés avec les basses. Puis, chacun des jeux a été joué séparément, afin qu'il soit possible d'en apprécier plus facilement le timbre, le caractère, l'homogénéité dans les sons.

La Commission a été unanime à reconnaître l'ampleur des jeux de fond, la vigueur et l'éclat des jeux d'anches, l'effet puissant et majestueux de ces jeux combinés ensemble. Une mention spéciale doit être accordée aux jeux de détail, dont les timbres fins et délicats ont frappé la Commission. On peut citer les flûtes harmoniques, la clarinette, le carillon du positif, le quintaton, le diapason, la gambe, le hautbois, le clairon harmonique du récit.

L'audition de la partie acoustique de l'orgue étant achevée, la Commission s'est livrée à l'examen de la partie mécanique de l'instrument.

Les claviers et les registres, élégamment distribués sur un meuble en console en avant de l'orgue, ont été reconnus bien établis, conformément au devis.

L'intérieur de l'instrument, dans ses moindres détails, répond à l'excellente exécution de la partie extérieure. Les matériaux employés sont de première qualité, et la main d'œuvre est admirablement traitée. Les abrégés, pilotes tournants, équerres, leviers sont ajustés avec précision et se meuvent avec une extrême facilité.

Les sommiers en deux parties et à double laye sont en bois de chêne et disposés de manière à être facilement entretenus ou réparés.

La soufflerie à diverses pressions, munie de nombreux réservoirs et de plusieurs anti-secousses, fournit un vent abondant à tous les jeux de l'orgue, sans qu'il se produise aucune altération, ni déperdition d'air.

Les boîtes d'expressions, de même que l'ensemble de la mécanique, fonctionnent sans bruit et avec une très grande docilité.

Les machines pneumatiques, système Barker, dont il va être ci-après parlé, communiquent aux claviers manuels une douceur comparable à celle du meilleur clavier de piano.

Le buffet de l'orgue, élégant dans sa forme, parfaitement en harmonie avec le style de l'église, construit en beau bois de chêne, est solidement établi et soigné dans toutes ses parties.

En résumé, la Commission, à l'unanimité, estime que tous les travaux, dans la partie décorative comme dans la partie instrumentale et mécanique, ont été consciencieusement exécutés et qu'ils remplissent toutes les conditions de perfection et de solidité désirables; elle déclare que ces travaux sont recevables, en décernant de justes éloges au facteur et à ses auxiliaires. En outre, et pour rendre hommage à la vérité, la Commission croit devoir signaler les augmentations et améliorations introduites dans l'orgue par le facteur, lesquelles ne sont pas portées au devis.

Elles consistent dans les améliorations suivantes :

1º Deux moteurs pneumatiques (système Barker) appliqués au clavier du positif et du récit, destinés à communiquer à ces claviers la même prestesse d'attaque et la même docilité qu'au clavier du grand orgue.

2º Quatre petits sommiers spéciaux, munis de l'appareil pneumatique par lesquels les grands tuyaux de montre des tourelles reçoivent directement le vent; aucune altération de vent n'est donc possible dans les gravures des sommiers.

3º Deux pédales de combinaison destinées à augmenter l'effet de l'orgue en procurant de nouvelles ressources à l'organiste.

4º Cinq jeux nouveaux formant un ensemble de

deux cent vingt-six tuyaux, *la basse acoustique* du clavier de pédales, de douze notes, qui donne à l'orgue le caractère grave et majestueux des plus grands instruments, quatre jeux de récit, dont l'un de seize pieds, qui augmentent la puissance de l'orgue et lui communiquent une grande variété d'effets.

Tous ces derniers travaux supplémentaires et complémentaires ont été, de même que les précédents portés au devis, exécutés avec le plus grand soin et avec des matériaux de premier choix.

La Commission est unanime à reconnaître qu'ils apportent à l'orgue une importance et lui donnent une valeur indiscutable.

OSTENSOIR (1886)

ON connaît l'origine de ce grand ouvrage qui a demandé trois années de recherches et d'essais. Mme veuve Trimolet avait laissé, par testament, à la paroisse Saint-François un riche écrin de diamants. Il s'agissait d'employer ce legs princier à la décoration d'un ostensoir. Hâtons-nous de dire que cette profusion de gemmes n'écrase pas le travail artistique. L'or, les émaux et les diamants se fondent dans une tonalité parfaite. La richesse des pierres n'est ici que la suprême et dernière convenance d'un art accompli.

L'ostensoir de Saint-François, exécuté par M. Armand-Calliat d'après un dessin de M. Bossan, repose sur un pied rond, largement empâté dans quatre volutes d'une belle venue. Leurs enroulements sont réunis par des aigles aux ailes éployées, et supportent des statuettes qui viennent compléter cette base vigoureuse. De là, naît une tige écaillée, d'une incomparable fierté. Ce qui domine jusqu'à présent! c'est l'idée de la force et de la solidité.

, Nous voici maintenant arrivés au centre moral et optique de l'œuvre. Jusque-là relativement calme, l'art éclate tout à coup en magnificences inouïes. La hampe reçoit une sorte de piédestal qui porte quatre figures : d'un côté le Sacré-Cœur, de l'autre l'Immaculée Conception, à droite et à gauche deux anges agenouillés dans l'adoration. Au-dessus de ce groupe, resplendit la gloire Eucharistique. C'est un éblouissement d'améthystes, de diamants et d'émaux. Les emblèmes sacrés, feuilles de vignes, raisins, gerbes de blé, sont à-demi perdus dans les rayons du soleil mystique. Cependant, cette gloire se réduit à trois grands motifs principaux : le disque central nimbé d'une couronne de chérubins, et des faisceaux lumineux alternant avec de grands séraphins qui semblent planer sur un ciel nuancé d'azur. Aussi, le regard et l'esprit, soutenus, comme tranquillisés par ces points de rappel, supportent sans fatigue la profusion des motifs secondaires. Au sommet de la gloire, les rayons s'infléchissent légèrement pour recevoir une croix qui domine l'œuvre entière. Elle est ornée d'un gros rubis qui, à ce que l'on assure, a la valeur d'un bijou historique (1),

---

(1) Le gros rubis entouré de diamants, placé au centre de la croix qui domine l'ostensoir aurait appartenu à Fénelon, archevêque de Cambrai. Cette pierre

car il aurait appartenu à l'anneau épiscopal de Fénelon.

Voilà une description bien sommaire et bien imparfaite. Après cela, comment définir avec précision ce qui échappe à toute analyse technique, la clarté de la composition, le mouvement aisé et souple des lignes se développant l'une de l'autre dans une harmonie savante, la fierté des contours, les profils ondoyants des draperies, des ailes et des palmes animant la sévérité plus géométrique des autres motifs, enfin cette unité suprême, cette parfaite convenance des parties entre elles, ce rythme secret de la vie qui fait d'une œuvre d'art une sorte d'oraison ?

La décoration proprement dite, et par là j'entends surtout le jeu des ors, des pierres et des émaux, est à son tour une merveille. Les émaux seuls demanderaient un chapitre. On sait que M. Armand-Calliat n'a pas son égal dans cette partie difficile de l'orfèvrerie religieuse. Comment obtient-il ces blancs de nacre, ces bleus turquoise d'une transparence parfaite, ces richesses de tons,

précieuse fut donnée à M. Julliard, en l'année 1818, par une dame de Trémouilhe, afin d'en orner l'ostensoir. Cette bague avait été donnée à M. de Trémouilhe, lors de son mariage, par un de ses oncles, qui l'avait eue de Monsieur l'Archevêque de Cambrai, son intime ami.

Mme de Trémouilhe avait pour fille Mme de Beaufort et était alliée à M. de Varax, fabricien de la paroisse.

7

cette couleur chaude et profonde, ces teintes ombrées et dégradées ?

Mais, selon nous, il y a dans cette œuvre quelque
chose de supérieur encore à l'opulence des tons,
peut-être même à la splendeur des lignes : c'est la
perfection de la statuaire. Nous ne retirons pas le
mot. Oui, il y a plus de vraie sculpture dans ces
figurines de cinq pouces que dans telle statue de
marbre ou de bronze. Le type grave, tout sémitique de Jésus-Christ a été étudié avec amour.
Bonnassieux, le doux créateur de nos madones,
jouirait encore devant ce type idéal de la Vierge
Immaculée. Les quatre figures agenouillées sur le
socle, saint Augustin, saint François de Sales,
sainte Madeleine, sainte Jeanne de Chantal, paraissent perdues dans la prière et l'adoration. Et ce qui
achève le mérite de ces statuettes, c'est qu'elles
sont à la fois sculpturales et décoratives. Voyez,
par exemple, sainte Madeleine : ses cheveux flottant sur ses épaules, sa longue robe débordant
sur une volute lui donnent un grand caractère de
largeur ornementale.

Voilà des travaux, on peut le dire avec fierté,
qui honorent notre chère ville de Lyon.

L'Abbé Odon REURE.

[1]   (*Revue lyonnaise*, Die, 1885).

RELIQUAIRE (1890)

—

Ce reliquaire, œuvre d'Armand-Calliat, a été offert à Mgr Gourgout, lors de la célébration de ses noces d'or sacerdotales. Il fut un don des fabriciens et des confrères du Saint-Sacrement de la paroisse.

Le pied de ce reliquaire est porté par quatre monstres, symbole des hérésies que Saint-François de Sales a su dominer, par la puissance de son génie et la sainteté de sa vie. Il est orné de nielles et de sujets gravés sur des fonds émaillés vert turquoise, encadrés de rouge et d'or. Des consoles à feuillages et fruits rampants, séparent ces sujets.

La hampe rouge est décorée de dragons précipités, aux traits émaillés sur argent réservé. Le chapiteau rouge qui la couronne est fait de feuilles et de fruits ; il reçoit un nœud à quatre faces, marquées par des losanges niellés et par huit écussons émaillés. La couronne des comtes de Sales le surmonte avec ses perles émaillées.

La partie supérieure du reliquaire pénètre dans cette couronne et porte à son centre un médaillon lobé d'un rouge profond semé d'étoiles et de croissants, rappelant ceux des armoiries de la Maison de Sales. C'est là que sont les reliquaires. Il y en a trois, entourés de motifs granulés et de gemmes : quatre lames niellées en rayonnent, reliées entre elles par des rinceaux de feuillages. Ces lames sont terminées par un médaillon lobé vert turquoise, semé de points lapis ; huit larges croissants bordés d'une sorte de dentelle ajourée, vont d'un médaillon à l'autre, portant des textes empruntés à l'*Ecclesiaste*, deux par deux, unis à la pointe par un médaillon niellé.

De même que les grands panneaux du pied, tous les médaillons de la gloire retracent les scènes principales de la vie de notre saint patron.

Enfin, au sommet, sur un piédestal où l'on retrouve avec la flore ajourée et les nielles rehaussées de grenat et de chrysoprases, qui font la caractéristique de ce travail, Saint François le grand docteur de l'Eglise, est assis les vêtements couverts de broderies que les ors font valoir. Le Saint tient d'une main, le *Traité de l'amour de Dieu*, de l'autre il bénit la foule qui l'écoute (1).

---

(1) *L'orfévrerie religieuse lyonnaise à l'Exposition de 1889. — Exposition de M. Armand-Calliat*, Lyon 1889, in-8º.

STATUE DU SACRÉ-CŒUR (1893)

L'église Saint-François de Sales de Lyon vient d'être récemment décorée d'une nouvelle statue, le *Sacré-Cœur*, par M. Emilion Cabuchet, le très distingué sculpteur, originaire de nos provinces de l'est. M. Cabuchet a donné au Christ une attitude différente de celle qui lui est ordinairement attribuée; les statues du *Sacré-Cœur* le représentent, presque toutes, montrant son cœur enflammé. Le Christ de M. Cabuchet d'une main désigne bien son cœur, mais, de l'autre main étendue vers les fidèles, témoigne d'une autre pensée, d'un mouvement tendre et aimant, Il les appelle à Lui, prêt en même temps à les bénir. Ce sentiment n'est pas seulement exprimé par le geste persuasif; il est dans la physionomie et l'attitude de la tête où se lit la bonté infinie, l'amour divin. Quant à l'exécution, on connaît le talent de l'auteur du groupe de *Saint-Vincent de Paul*, à l'église Saint-Sulpice de Paris. On retrouve ici les qualités qui font admirer sa statue du Curé d'Ars : le sentiment religieux et vrai, la justesse du mouvement, l'habile agencement des draperies, le fini consciencieux du travail. Cette statue, offerte à l'église Saint-François par la fille d'un éminent artiste lyonnais, fait le plus grand honneur au sculpteur chrétien, M. Cabuchet, dont elle consacre le nom si estimé dans le monde des arts (1).

(1) *Semaine religieuse du diocèse de Lyon.*

CHEMIN DE CROIX (1895)

—

Depuis longtemps, les paroissiens sollicitaient un *Chemin de Croix* plus en harmonie avec les objets du culte, et plus digne de la paroisse Saint-François. En 1895, M. le curé accédait à leur désir et faisait appel à la générosité de la paroisse. Bientôt, les quatorze stations furent souscrites, soit par des dons collectifs, soit surtout par des personnes dévouées qui se firent un honneur de donner une station. Leur nom, connu de Dieu est inscrit derrière chaque tableau ; et si l'on y trouve ceux que la Providence a favorisés de la fortune, on est heureux aussi d'y lire le nom d'humbles servantes, qui mirent là le fruit de longues économies.

Ce *Chemin de Croix* fut solennellement béni, par Mgr Forest, le dimanche des Quarante-Heures 1895. C'est encore, heureusement pour nous, une œuvre d'Armand-Calliat. Elle fait honneur au talent du grand artiste, et, comme toute œuvre indiscutablement belle, elle fait réfléchir et penser et mieux encore, elle fait prier. Elle a été plusieurs fois louée par des connaisseurs, à l'égal des plus belles compositions de l'orfèvre lyonnais.

Un curé de Paris, membre de l'Institut, et artiste lui-même comme son père, a déclaré que ce *Chemin de Croix* était, à sa connaissance, le mieux composé, le plus soutenu. Il ajoutait qu'il était le seul digne du périlleux honneur de figurer, à Saint-Vincent de Paul, près des peintures d'Hippolyte Flandrin.

Quelques lignes de description en feront ressortir toute l'importance :

« Dans des cadres noirs, sévères, et dont un léger filet d'or accuse çà et là des arêtes, M. Armand-Calliat a enchâssé des plaques de cuivre, gravées, champlevées, et émaillées au feu. Sur ces plaques, il a dessiné des groupes, dont le nombre des personnages, toujours ramené aux types essentiels, varie de deux à cinq. Ces derniers se trouvent là, quel qu'en soit d'ailleurs le nombre, non pas en relief, mais ménageant cependant une frappante illusion du relief, grâce aux ors de différentes couleurs que l'artiste a ingénieusement mariés, et grâce aussi aux émaux qui donnent aux groupes tout ensemble plus de clarté, et plus d'intensité de vie. Avec une rare maîtrise, il a, en jetant de larges traits de couleurs locales sur les draperies et sur les accessoires, permis de reconstituer par la pensée leurs colorations propres : de la sorte, et du même coup, il a laissé à chaque personnage l'unité de l'or, qui eût été désagréablement rompue, si les chairs seules se fussent dégagées, dorées, de l'ensemble émaillé. Et ainsi, en dépit de la réelle simplicité des moyens employés, il a réussi à faire une œuvre vivante et variée, où l'habileté de la composition de chacune des quatorze scènes est relevée encore par la consciencieuse observation des types, et où, si peu qu'on s'attarde, devant chacune, à contempler et à réfléchir, on trouve une heureuse occasion de réchauffer sa piété et de compatir aux souffrances de la Sainte Victime.

« Il serait difficile, en effet, de traiter le sujet grandiose et, par maints côtés, écrasant de la Passion, d'une façon à la fois plus sobre et plus intense. Quand vous arrivez, de prime abord, devant n'importe laquelle de ces Stations, vous êtes tenté de dire, sur une première et superficielle impression : « Eh quoi ! ce n'est que cela !... » Il y a là, en effet, si peu de mise en scène ; si peu de tout cet appareil de convention, que nous voyons déployé, d'ordinaire, dans les sujets similaires ; si peu, en un mot, de préoccupation, ou de recherche, de l'effet banal ! Mais, regardez mieux : prenez-vous-y à deux, et trois fois, pour analyser l'œuvre ; étudiez les attitudes ; détaillez-vous à vous-même la composition des costumes, et les particularités des poses ; observez, en particulier, les physionomies : et, à mesure que vous entrerez davantage dans la pensée de l'artiste et que vous pénètrerez plus avant dans son inspiration, vous vous sentirez gagné, subjugué, par cette « prédication » silencieuse ; et, changeant totalement de langage, vous vous écrierez alors, ému et ravi : « Comme tout cela est beau, et grand, et admirablement compris ! »

« Oui, toutes ces scènes sont magistrales. Mais il y a telles d'entr'elles, la onzième, par exemple, avec son interprétation originale de l'opération par laquelle les bourreaux attachèrent le Sauveur à la croix ; ou encore la quatorzième, où, tout en accusant avec le relief nécessaire le souvenir du sépulcre, l'artiste a su mettre délicieusement en vedette l'idée de la compassion de la Vierge en présence des tristes restes de son Fils, enveloppé de bandelettes ; il y a, disons-nous, telles scènes où l'artiste s'est surpassé, et dont la poignante éloquence est au-dessus de tout éloge.

« Voilà bien, ce semble, la pleine et radieuse réalisation de la pensée d'un *Chemin de croix*, avec tout ce que le poème implique de gravité sereine et de sublime compréhension. Cette pensée, l'auteur l'avait rendue déjà, avec bonheur, dans les « Stations » que l'on admire, à Paris, à Saint-Vincent de Paul et à Saint-Louis d'Antin. Ici même, on peut en voir une reproduction brillante dans la chapelle de l'Œuvre du Calvaire ; puis, dans celle de l'Institution des Chartreux, où les mêmes scènes furent traitées jadis, en miniature, par un peintre éminent, M. Sublet, — celui-là même qui avait d'abord exécuté, avec le concours de son ami, M. Armand-Calliat, les cartons de l'œuvre. Mais, s'il est vrai que les artistes d'élite ne se répètent que pour reproduire un peu mieux, chaque fois, quelque chose de l'Idéal entrevu, l'on estimera peut-être que M. Armand-Calliat n'a jamais, en l'espèce, approché davantage de la vraie perfection. Il a doté déjà de nombreux bijoux le trésor de la sacristie de Saint-François : il ne pouvait donc manquer, ayant à décorer, comme l'on sait, les piliers de l'église paroissiale, d'y placer un merveilleux chef-d'œuvre. » (1)

Et maintenant, la page du livre de vie, où sont inscrits les œuvres et les mérites du cinquième curé de Saint-François de Sales n'est pas encore tournée... Les paroissiens, dans un sentiment de reconnaissance et de vénération, s'apprêtent à renouveler les splendeurs des noces d'or sacerdotales et les fêtes plus intimes du vingt-cinquième anniversaire d'installation du curé de Saint-François.

(1) *Semaine religieuse du Diocèse de Lyon*, année 1895, tome I, pages 338-340, sous les initiales : J. C.

Du fond du cœur, ils disent tous à Celui qui continue de les édifier par sa vaillance à remplir le devoir et à les soutenir par sa prière :

Encore, s'il plaît à Dieu ! *Ad multos annos !*

BAPTISTÈRE

restauré par souscription paroissiale ;
bénit par Son Eminence le Cardinal Archevêque de Lyon,
le 2 mai 1900,
à l'occasion du 60ᵉ anniversaire de l'ordination sacerdotale de Mgr Gourgout.

LES ŒUVRES PAROISSIALES

LES OEUVRES PAROISSIALES

———

APRÈS avoir exquissé brièvement l'histoire toute récente de notre paroisse et apprécié un passé qui n'est que d'hier, je voudrais en dessiner la physionomie actuelle.

Ce qui constitue une paroisse et lui donne son importance, ce n'est ni le chiffre de la population, ni la richesse de ceux qui la composent. Pour démontrer la vitalité de la foi dans le monde, les statistiques des baptisés offrent peu de certitude, vu le trop grand nombre de ceux qui, ayant reçu ce sacrement, ne se mettent pas en peine de vivre selon les maximes et les enseignements du Christianisme. De même pour la vie paroissiale : le nombre, la fortune de ceux qui habitent dans les limites de la juridiction curiale, et qui peuvent être des secours précieux, ne sont pas un grand appoint, s'ils n'en acceptent pas les charges.

On doit reconnaître les hautes vertus que peuvent pratiquer individuellement ceux qui demeurent étrangers aux institutions d'une paroisse ; on encourage volontiers les âmes généreuses à s'intéresser vivement aux œuvres diocésaines et catholiques toutes actuellement si utiles, voire même si nécessaires. L'Eglise facilite toujours, dans une certaine limite, les divers attraits des fidèles pour telle ou telle dévotion, telle ou telle forme de dévouement ; mais les Œuvres de paroisse restent les œuvres primordiales auxquelles tout fidèle doit être attaché, et le catholique, en se plaçant hors de cette organisation, méconnaît sur ce point les vues de l'Église, qui a établi la paroisse comme son organe officiel pour la transmission des biens spirituels, comme la vraie maison de famille surnaturelle, où chacun doit, selon ses ressources, coopérer au bien de tous les autres membres. Il oublie la loi générale du bon exemple et de l'heureuse influence que chacun, conformément aux vues de Dieu, doit exercer sur son prochain. Cette loi est observée, cette vertu se pratique surtout par la coopération aux œuvres dont je parle et par une présence assidue aux offices religieux dans l'église paroissiale. Enfreindre cette loi, négliger cette vertu, c'est priver le pasteur de son âme des consolations surnaturelles si nécessaires au milieu des lourds soucis de sa charge, et lui rendre plus difficile le devoir, qui lui est imposé, de connaître toutes ses brebis, comme il doit en être connu lui-même.

Dessiner donc la physionomie d'une

paroisse, c'est décrire les œuvres qui s'y font, en démontrer le bon fonctionnement et la vitalité.

Les œuvres, à Saint-François, ne sont pas multipliées : la prudence en a réglé le nombre ; elles suffisent aux besoins actuels des paroissiens. En restreignant le champ de l'activité sacerdotale, chacune d'elles gagne en cohésion, en force intime, en vie réelle, en puissant attrait. Leur vitalité atteste, à la fois, la vraie nécessité à laquelle elles doivent pourvoir, la parfaite constitution que leur ont donnée ceux qui les ont établies, et l'impulsion qu'elles reçoivent chaque jour de ceux qui les dirigent.

Aussi, peut-on affirmer qu'elles produisent d'excellents résultats, et que notre chère paroisse Saint-François, dont les divers éléments sont pourtant si facilement distraits de l'action paroissiale par des œuvres générales, se distingue toujours par ses propres œuvres de piété et de charité.

En simple rapporteur, je me contenterai d'indiquer ici les œuvres qui sont organisées et les avantages qu'elles procurent.

OEUVRES

EN L'HONNEUR DU SAINT SACREMENT

———

CONFRÉRIE DU St-SACREMENT

———

CE fut la première confrérie établie dans la paroisse. Elle remonte à l'origine elle-même. Le décret de son institution date du 12 février 1805. Dès sa création, elle compte au nombre de ses membres les personnes les plus recommandables par leur piété. En faire partie, fut un honneur envié; présider les réunions des confrères, les encourager, fut toujours pour les curés une des plus douces fonctions de leur ministère.

Les confrères du Saint-Sacrement ne se contentèrent point d'édifier la paroisse par leur zèle et leur régularité, mais ils prirent largement leur part, dans tout le cours du siècle, à toutes les œuvres qui eurent pour but de rendre au Dieu-Eucharistie des honneurs moins indignes de lui. Ils donnaient toujours sans compter et plus d'une merveille qui orne l'église est due à leur générosité.

Citons seulement, pour mémoire :

Les quarante stalles et les boiseries qui entourent le chœur et qui proviennent d'une ancienne chartreuse; une cloche, une bannière, des garnitures d'autel, des ornements, et, parmi les dons les plus riches, mentionnons encore : *Le maître-autel*, dessiné par Benoît et sculpté avec grand soin par M. Robert, professeur à l'école de la Martinière; toute la décoration et les peintures de Janmot pour l'autel du Sacré-Cœur; *la magnifique niche* d'exposition du Saint-Sacrement, œuvre de Tissot ; *le dais* des fêtes solennelles du Saint-Sacrement, œuvre de la Maison Tassinari et Viennois, sur un dessin de M. A. Steyert.

Enfin, ils prêtèrent un concours actif aux Écoles libres, et, maintenant encore, ils veulent bien soutenir, de leurs deniers, l'Œuvre des Vocations sacerdotales, comptant, comme une de leurs gloires de donner à Dieu non seulement des adorateurs, mais des prêtres qui, tous les jours, le feront descendre sur la terre et le distribueront aux fidèles.

BUT DE L'ŒUVRE

Rendre un culte particulier au Très Saint-Sacrement de l'autel, contribuer par le bon exemple de chacun de ses membres à le faire honorer, à donner plus de décence, de majesté aux cérémonies dans lesquelles il est exposé à l'adoration des fidèles.

PRATIQUES DE L'ŒUVRE

1° Faire une heure d'adoration continue le Jeudi-Saint et le Vendredi-Saint ; le jour de la Fête du Saint-Sacrement, et pendant toute l'octave ; les trois jours des Quarante Heures.

2° Assister aux processions de la Fête-Dieu, et du troisième dimanche du mois.

3° Prendre part à la communion générale des confrères, le Jeudi-Saint, le Dimanche de la Fête-Dieu, pour les fêtes de la Toussaint, de Noël, de saint François de Sales.

4° Verser une cotisation annuelle de 12 francs, pour les dépenses de la Confrérie.

5° Assister à l'assemblée générale, qui a lieu, toutes les années, le dimanche de la Passion.

AVANTAGES DE L'ŒUVRE

Nombreuses indulgences plénières et partielles.

Deux messes par semaine sont dites à l'intention des confrères défunts.

Un service funèbre est célébré, chaque année à la même intention, le mardi qui suit la réunion générale.

ASSOCIATION

DE

L'ADORATION PERPÉTUELLE

L'ASSOCIATION de l'Adoration perpétuelle s'adresse plus spécialement aux personnes pieuses de la paroisse : elle a pour but de procurer, à chaque heure de la journée, des adorateurs au Saint Sacrement.

Elle existait déjà depuis longtemps, mais elle a été renouvelée dans son organisation intérieure, en décembre 1869, par M. l'abbé Thévenin, vicaire de la paroisse, mort en 1874, curé de la paroisse Notre-Dame de Bon-Secours, à Montchat. L'expérience a démontré la valeur de cette organisation :

les âmes des fidèles en ont retiré le plus grand profit, et le Saint Sacrement a été de moins en moins délaissé.

PRATIQUES DE L'ŒUVRE

Faire, tous les mois, une heure continue d'adoration, au jour et à l'heure choisis par l'associée.

Assister régulièrement à la messe solennelle de 8 heures, le premier jeudi du mois.

Assister régulièrement à la messe célébrée pour les défunts, le troisième lundi du mois.

Suivre exactement le règlement établi pour les associées, qui détermine et assure le bon fonctionnement de l'œuvre.

AVANTAGES DE L'ŒUVRE

Remplir fidèlement un de nos principaux devoirs : celui de l'adoration envers la Sainte Eucharistie.

Sanctification personnelle.

Nombreuses indulgences : spécialement, indulgence plénière pour toute associée, qui fait entièrement son heure d'adoration, en raison de l'agrégation de cette association à l'œuvre générale des RR. PP. du Très Saint-Sacrement.

Participation aux grâces des Messes célébrées aux intentions de l'œuvre.

ÉCOLE CLÉRICALE

On ne sait pas la date précise de la fondation de cette école. Généralement, on la fait remonter à l'année 1810. Ce qu'il y a de certain, c'est que, dès 1828, on voit inscrit au budget un traitement pour le maître des clercs ; et, en 1831 29 mars, elle est assez prospère, le recteur d'Académie réclame, au nom de la loi, sa fermeture et menace de l'accomplir, si, dans les huit jours, on ne s'est point pourvu de l'autorisation nécessaire pour toute école de plein exercice.

Cette œuvre, fut toujours l'œuvre de prédilection de Messieurs les Curés, qui eurent à tâche de lui procurer des ressources, et d'assurer, par un recrutement intelligent, des clercs qui fussent dignes du sanctuaire.

Un ancien prêtre habitué de la paroisse, M. l'abbé Glas, décédé en 1869, eut l'heureuse idée de créer une fondation pour aider les familles, dans les frais que nécessite l'éducation sacerdotale. Cet exemple fut imité de plusieurs et permit ainsi de constituer un capital, dont les revenus servent à aider les élus de Dieu à arriver au sacerdoce.

Beaucoup, dans leurs dons, ont voulu garder l'anonymat, mais Dieu les connaît; et les prêtres aidés par leurs soins offrent souvent pour eux le Saint Sacrifice de la Messe, remerciant Dieu et leurs bienfaiteurs du grand don de leur vocation sacerdotale.

Tant de sollicitudes et d'efforts généreux n'ont point été sans produire d'excellents résultats. L'école cléricale de Saint-François compte de nombreux prêtres parmi ses anciens élèves. Depuis quelques années même, elle a pris une particulière extension : elle est riche pour l'avenir de promesses de vocations encore plus nombreuses

Elle a eu l'honneur de compter parmi ses anciens élèves :

M. PRIVAS, curé de Saint-Genis-Laval ;

M. SUCHET, grand vicaire d'Alger ;

Mgr POMPALIER, premier évêque d'Océanie ;

M. SILVENT, missionnaire du diocèse ;

Le P. CHEVRIER, fondateur du Prado à Lyon ;

M. HUGONIN, grand vicaire d'Evreux ;

M. GAILLARD, archiprêtre de Neuville ;

Mgr MOREL, rédacteur des *Missions catholiques* et des *Annales de la Propagation de la Foi* ;

Le R. P. DORGUES, jésuite ;

Mgr Marius CUAZ, vicaire apostolique du Laos.

L'école cléricale est une école d'enseignement secondaire. Elle est dirigée par un des vicaires de la paroisse. Deux professeurs ecclésiastiques font les classes de latin, jusqu'à la quatrième inclusivement. Un frère fait la classe de français aux plus jeunes enfants.

On n'y reçoit que des enfants appartenant à des parents chrétiens, qui veulent, pour leurs enfants, une éducation soignée et qui acceptent leur présence habituelle aux offices de la paroisse. Nous sommes surtout désireux de former ceux qui auraient déjà donné des signes de vocation sacerdotale ; on reçoit ces enfants à partir de huit ans.

On les garde de 8 heures du matin à midi ; de 2 heures et demie à 7 heures du soir ; il y a une promenade et une soirée libre par semaine le mardi et le jeudi.

Les fournitures classiques sont gratuites, mais on exige une bonne tenue et une grande propreté de la part des enfants.

CONFRÉRIE DU SACRÉ-CŒUR

L A Confrérie du Sacré-Cœur, de Saint-François, a été affiliée à l'Archiconfrérie de l'Association Saint-Paul, établie à Rome, par décret du 16 août 1819.

CONDITIONS POUR FAIRE PARTIE DE LA CONFRÉRIE :

1° Etre inscrit sur le registre de la Confrérie.

2° Réciter chaque jour en l'honneur du Sacré-Cœur : *Pater*, *Ave*, *Credo* et l'invocation : « O doux cœur de Jésus, faites que je vous aime de plus en plus ! »

Pour avoir part aux avantages de la Confrérie *dans la paroisse* : faire renouveler, chaque année, son association à la Confrérie. Le mois de juin est spécialement réservé pour l'inscription de nouveaux associés et le renouvellement des feuilles de l'association. On reçoit volontiers, à cette occasion, des dons volontaires pour les besoins de la Confrérie.

AVANTAGES PARTICULIERS A LA PAROISSE ST-FRANÇOIS

Tous les premiers vendredis de chaque mois, on célèbre le Saint Sacrifice de la Messe à l'intention des associés vivants.

Chaque associé a droit, après son décès, à une Messe pour le repos de son âme.

OEUVRES

EN L'HONNEUR DE LA SAINTE VIERGE

—

CONFRÉRIE DU SAINT ROSAIRE

—

Cette Confrérie, qui existait dès l'origine à l'état de Confrérie paroissiale, a été érigée canoniquement, dans l'église Saint-François de Sales, le 17 novembre 1885, par le R. P. Laboré.

Enrichie de nombreuses indulgences, spécialement depuis le rescrit pontifical de 1899, elle est un des principaux moyens de témoigner sa dévotion envers la Sainte Vierge.

CONDITIONS POUR FAIRE PARTIE DE LA CONFRÉRIE :

1º Etre inscrit sur le registre de la Confrérie.

2º Avoir un chapelet bénit par le prêtre qui en a le pouvoir.

3º Réciter le Rosaire, une fois par semaine, en *méditant* sur les mystères du Rosaire.

4º Si on veut avoir part aux avantages de la Confrérie *dans la paroisse :* faire renouveler sa feuille d'association toutes les années. Le mois du Saint Rosaire est particulièrement réservé pour l'inscription des nouvelles associées et le renouvellement des feuilles de l'association. On reçoit volontiers à cette occasion, une offrande pour les besoins de l'œuvre.

AVANTAGES PARTICULIERS A LA PAROISSE ST-FRANÇOIS

Tous les samedis et toutes les fêtes de la Sainte Vierge, on célèbre la Sainte Messe, à 7 heures, pour les confrères vivants.

Chaque associé a droit, à son décès, à une Messe pour le repos de son âme.

Chaque année, après la fête du Rosaire, on célèbre un service solennel pour tous les associés défunts.

CONGRÉGATION

DES ENFANTS DE MARIE

Cette congrégation a été affiliée à la *Prima Primaria* de Rome, le 22 mars 1880, par décret de Son Eminence le Cardinal Caverot.

BUT

Former une association de jeunes filles, sous la protection de la Sainte-Vierge, pour les aider à pratiquer avec une fidélité particulière les devoirs de la vie chrétienne.

CONDITIONS

Etre âgée de douze ans, au moins.

Etre admise par le Conseil de la Congrégation.

PRATIQUES

1° Assister aux réunions qui ont lieu ordinairement, le premier dimanche du mois à 8 heures du matin et à 2 heures du soir.

2° Suivre la retraite annuelle qui précède la fête de l'Immaculée-Conception, fête patronale de la Congrégation.

3° Faire la Sainte Communion, au moins chaque mois.

4° Assister aux enterrements et Messes pour les défuntes.

5° Réciter un *Ave Maria*, chaque jour, et les litanies de la Sainte Vierge, chaque samedi.

6° Etre fidèle à la lecture et à la pratique de piété indiquée par le directeur.

7° Verser une cotisation de 2 francs pour subvenir aux dépenses de la Congrégation.

AVANTAGES

Protection assurée de la Très Sainte Vierge.

La Messe de la réunion du mois est célébrée pour les associées vivantes et défuntes de la société.

Nombreuses indulgences plénières ou partielles.

CONGRÉGATION

DE L'IMMACULÉE-CONCEPTION

LA Congrégation de l'Immaculée-Conception pour les jeunes gens a été fondée, au mois de mai 1897 ; et, au mois d'août de la même année, elle a été affiliée à la *Prima Primaria*.

On peut se faire inscrire, à partir de quatorze ans.

Les réunions ont lieu régulièrement, les premier et troisième lundis de chaque mois, du soir, à 8 heures 1/2 dans la chapelle de l'Enfant-Jésus.... Prière, chants de cantiques, avis et instruction par le Prêtre directeur. — On est, de plus, invité à la Communion du troisième dimanche.

Des réunions supplémentaires et facultatives ont lieu pour exercices de chant ou séances littéraires.

Une bibliothèque variée est à la disposition des Congréganistes.

Les jeunes gens de la Congrégation s'occupent d'œuvres de persévérance pour les enfants des écoles, et c'est à leur initiative qu'est due la Messe de Communion réparatrice pour les hommes, le premier vendredi du mois, qui a été établie, le 2 juin 1898.

OEUVRES

D'ENSEIGNEMENT RELIGIEUX

CATÉCHISMES

Catéchismes de Première Communion.

Les lundi, mercredi et vendredi, à
11 heures, de la Toussaint au mois
de mai.

CONDITIONS D'ADMISSION

Etre baptisé, avoir neuf ans accomplis
pour les petites filles et dix ans pour les
petits garçons, du 1er janvier au 31 décembre
de l'année où l'on se présente pour les
catéchismes.

DURÉE

La préparation à la Première Communion dure deux années consécutives; on ne peut diminuer le temps de la préparation sans l'autorisation de Monseigneur l'Archevêque. Il en est de même en ce qui concerne les dispenses d'âge. On ne considère pas comme année de préparation celle où l'on n'aurait pas suivi *assidûment* les différents exercices.

On n'est point admis à la Première Communion, si, pendant les deux années, on n'a pas acquis la science suffisante; si on n'a pas entendu régulièrement la Sainte Messe les dimanches et jours de fête d'obligation; si, dans sa conduite, on a été un sujet de scandale.

Des personnes de bonne volonté sont à la disposition des enfants, qui auraient besoin d'un supplément de préparation.

Une Messe est célébrée, à 9 heures, dans

la chapelle de l'Enfant-Jésus les dimanches et jours de fête d'obligation : les enfants qui suivent les catéchismes sont tenus d'y assister.

Catéchisme de Persévérance.

Les dimanches soir, de 6 heures à 7 heures, chant des cantiques, homélie, instruction, bénédiction du Saint Sacrement. La grande nef est réservée aux jeunes filles qui se font inscrire ; le chœur, aux petits garçons.

Un patronage, dirigé par les Sœurs Saint-Charles, est annexé à cette œuvre pour les anciennes élèves des écoles paroissiales.

Les fidèles sont invités à ces catéchismes, et se placent dans les basses nefs.

Il est bon et très utile de faire les résumés des instructions. Le compte rendu en est fait le dimanche suivant.

PRONE

Tous les dimanches et fêtes, à la Messe de 7 heures. De plus, à la Grand Messe pendant les saints temps de l'Avent et du Carême.

ÉCOLES CATHOLIQUES

ÉCOLE MATERNELLE ET CLASSE ENFANTINE
Rue Boissac, 5.

Dirigées par les Religieuses Saint-Joseph : pour les enfants des deux sexes, de deux ans à sept ans.

ÉCOLE PRIMAIRE POUR LES JEUNES FILLES
Rue François-Dauphin, 10.

Dirigée par les Dames Saint-Charles. Préparation au certificat d'études, au brevet simple, à l'école de commerce, etc...

OUVROIR

Dirigé par les Demoiselles du Petit-
Travail de Marie. Leçons de couture pour
les enfants des écoles des Sœurs. Tous
les jeudis de 2 heures à 4 heures du
soir.

ÉCOLE PRIMAIRE POUR LES GARÇONS
Rue Saint-Joseph, 11.

Dirigée par les Frères des Écoles chrétiennes. Préparation au certificat d'études,
aux écoles spéciales et professionnelles.

ÉCOLE PRIMAIRE SUPÉRIEURE POUR LES GARÇONS
Rue de l'Abbaye-d'Ainay, 4.

Dirigée par les Frères des Écoles chrétiennes. Cette école est destinée à achever
la préparation aux écoles professionnelles,
de comptabilité, de dessin.

Des cours du soir y sont adjoints pour

les jeunes employés qui désirent perfectionner leurs études scolaires.

Nos écoles catholiques ne subsistent que par la charité des fidèles, et c'est une des œuvres les plus urgentes à laquelle nous les prions de s'intéresser.

OEUVRES DE CHARITÉ

HOSPICE DES VIEILLARDS

Composé de vingt-cinq lits, destinés à recevoir les indigents qui habitent la paroisse au moins depuis deux ans, et spécialement ceux qui ont été victimes de revers de fortune.

Pour y être admis, il faut une place vacante, se faire inscrire, et être accepté par les membres du bureau.

ŒUVRE DES DAMES DE LA MISÉRICORDE

Destinée à secourir les indigents en leur faisant parvenir des bons de pain, de viande, de charbon, et en leur procurant des vêtements.

La distribution de ces bons est confiée aux Dames patronnesses, et, plus spécialement, aux Religieuses Saint-Joseph, chargées de l'Hospice des Vieillards. La cotisation des dames patronnesses est de 25 francs.

ŒUVRE DES PAUVRES MALADES

Destinée à procurer des soins, des remèdes et les visites du médecin aux malades qui sont dans l'indigence. Les Dames patronnesses visitent ces malades à domicile.

Pour obtenir des secours, s'adresser aux Dames patronnesses ou aux Religieuses Saint-Joseph.

ŒUVRE DES VEILLEUSES

Composée de membres honoraires et de membres actifs ; elle procure des gardes-malades, pour la nuit, aux indigents.

S'adresser aux Religieuses Saint-Joseph.

OUVROIR
Pour la confection des Vêtements des pauvres.

Tous les vendredis d'hiver, de 1 heure à 5 heures, réunion des Dames et des Demoiselles, rue François-Dauphin, 9. La distribution de ces vêtements est faite par les soins des Religieuses, assistées des Dames et des Demoiselles de l'Ouvroir.

Pour faire partie de l'Ouvroir, s'adresser aux Religieuses Saint-Joseph ou à une des Dames de l'œuvre. On invite les personnes qui ont des coupons de lingerie ou d'étoffe, ou autres vêtements, à les remettre à l'œuvre qui en tirera excellent profit pour les pauvres.

* * *

ŒUVRE DE LA MARMITE

*Dirigée par les Filles de la Charité de
Saint-Vincent de Paul.*

Œuvre commune aux trois paroisses du quartier : paroisse Saint-François, paroisse Saint-Martin d'Ainay et paroisse Sainte-Croix. Orphelinat, distribution de secours aux indigents et de remèdes aux malades.

* * *

ORPHELINAT

Rue Victor-Hugo, 27.

Dirigé par les Religieuses Saint-Joseph.

OEUVRES GÉNÉRALES

ŒUVRE DE LA PROPAGATION DE LA FOI

Destinée à aider les missionnaires qui vont porter la foi et la civilisation chez les nations infidèles.

CONDITIONS DE L'ŒUVRE

Réciter, chaque jour, un *Pater* et un *Ave* avec l'invocation : « Saint François Xavier, priez pour nous. » — Donner un sou par semaine, ou 2 fr. 60 par an, ou le produit d'une dizaine complète soit 26 francs.

ŒUVRE DE SAINT FRANÇOIS DE SALES

Destinée à maintenir la foi, dans les pays chrétiens, par le moyen des missions, des bonnes lectures, etc.

CONDITIONS

Verser un sou par mois, soit 0 fr. 60, ou une dizaine personnelle ou collective annuelle de 6 francs.

ŒUVRE DES FACULTÉS CATHOLIQES ET DE L'HOPITAL SAINT-JOSEPH

Destinée à affirmer les droits de l'Eglise à l'Enseignement supérieur, par l'entretien des Facultés de théologie, de droit, des lettres, de sciences et de médecine, dont l'hôpital est un organe essentiel.

Annuité personnelle ou collective : 20 fr. par an.

ŒUVRE DU DENIER DE SAINT-PIERRE

Destinée à remplacer, pour le Souverain-Pontife, les revenus du pouvoir temporel, dont il a été spolié par le gouvernement italien, et subvenir aux nombreuses dépenses du gouvernement pontifical. — Annuité : 1 franc par an.

ŒUVRE DES SOLDATS

Pour favoriser l'établissement des cercles militaires, et autres moyens nécessaires pour conserver dans l'armée la foi et les pratiques religieuses.

Annuité : 2 fr. 60 par personne, ou une dizaine collective ou personnelle de 26 fr.

ŒUVRE DU DIMANCHE

Pour favoriser l'observation du jour du Seigneur.

CONDITIONS

S'engager soi-même à l'observer fidèlement.

Verser une annuité de 1 franc pour soutenir la propagande en faveur de cette loi fondamentale pour la religion et la société.

INDULGENCES

Le 28 décembre, jour anniversaire de la mort de saint François de Sales (30 novembre 1874).

Le 29 janvier, fête de saint François de Sales, ou un jour de l'octave, *ad libitum*. Décret du 11 juin 1838.

Le 19 mars, fête de saint Joseph, à la condition d'assister 5 fois aux exercices de la neuvaine : 300 jours à chaque assistance aux exercices de la neuvaine.

Fête du Saint-Sacrement, ou un jour de l'octave, à son choix.

Fête du Sacré Cœur de Jésus.

Fête de l'Assomption de la Sainte Vierge, ou un jour de l'octave, à son choix.

Fête de sainte Madeleine, patronne secondaire de la paroisse.

Fête de sainte Jeanne Françoise de Chantal.

Jour de la première Communion, pour les enfants et les personnes qui y assisteront.

Indulgences de 7 ans et 7 quarantaines pour tous ceux qui assisteront à la procession le troisième dimanche du mois, et visiteront l'église Saint-François de Sales, chaque vendredi.

Toutes ces indulgences ont été concédées par bref du 5 septembre 1874.

RELIQUES

La paroisse Saint-François est particulièrement riche en reliques de son saint patron. Elle doit cet honneur à la générosité de Mme Marguerite de la Tour Maubourg, veuve en premières noces, de M. le comte Vincent de Margnolas.

Ce dernier les avait léguées à sa femme et il les avait reçues lui-même en héritage de M. l'abbé Vincent, son oncle, à qui les Dames de la Visitation de Lyon, établies sur la paroisse Saint-François, les avaient remises, pendant les troubles de la Révolution (1).

(1) La vérification de l'authenticité de ces reliques fut faite solennellement le dimanche 1er février 1818, par M. Courbon, vicaire général du diocèse.

Le cœur du Saint devait faire partie de
ce trésor, mais la Communauté de Bellecour, chassée de son monastère, n'aban-
donna pas ce qu'elle considérait comme
le plus précieux de ses biens. A travers
mille difficultés, mille dangers, elle sut
arracher la sainte relique à la violence, et
à la ruse. Réfugiées d'abord à Mantoue,
ce ne fut qu'après un long et pénible
voyage, après avoir subi les plus terribles
épreuves, que les Filles de Saint-François
de Sales trouvèrent, à Venise, un asile sûr,
pour elles et leur cher dépôt.

On vénère actuellement le cœur de notre
saint patron, au couvent Saint-Joseph, qui
appartient aux Sœurs de la Visitation.
Cette relique est conservée dans un ostensoir, en forme de cœur. Le viscère est
entier, sauf un petit fragment qui manque
à son extrémité supérieure de droite. Au-
dessous de ce cœur, est une parcelle de la
chair de sainte Chantal : parcelle sur

laquelle la sainte elle-même grava le nom de Jésus (1).

Quant au corps du Saint, nous savons avec quel soin jaloux la ville de Lyon désira le conserver ; elle ne céda que devant les termes formels du testament du Bienheureux. « Mon corps, ordonnait-il, doit être inhumé au milieu de la nef de la Visitation d'Annecy que nous avons consacrée. » (2).

(1) Des deux reliques que l'on expose à la vénération publique des fidèles, l'une est une partie considérable d'une des côtes de saint François de Sales, l'autre un os d'un des pieds de sainte Jeanne Françoise de Frémiot de Chantal. On les doit à la générosité de Son Eminence le Cardinal Fesch. Celui-ci les avait obtenues de Mgr l'évêque de Chambéry. On en fit la translation solennelle, de l'église primatiale en l'église paroissiale Saint-François de Sales, le dimanche 27 décembre 1806 en présence d'un grand concours de fidèles.

(2) *Vie de saint François de Sales* par M. HAMON, tome II. *Le cœur de saint François de Sales* sous *la terreur* 1791-1801 par Maurice SAUTIER THYRION, Annecy, Niérat, 1884.

RELIQUES
DE SAINT FRANÇOIS DE SALES

1. Reliquaire contenant :
   Un os de saint François de Sales,
   un morceau d'une de ses côtes.

2. Reliquaire contenant :
   Une phalange d'un doigt de pied de
   sainte Jeanne-Françoise de Chantal.

3. Reliquaire contenant :
   Une parcelle d'os de sainte Philo-
   mène.

4. Reliquaire contenant :
   Une coupe à pied, à l'usage de saint
   François de Sales.

5. Aube de saint François de Sales.

6. Autre aube de saint François de Sales.

7. Drap sur lequel est mort saint François de Sales, taché de son sang.

8. Manipule de saint François de Sales.

9. Toile rousse et crin faisant partie du matelas sur lequel le corps de saint François de Sales a reposé, pendant quarante-trois ans, dans sa châsse d'argent, depuis sa béatification jusqu'au 29 mai 1705.

10. Enveloppe recouvrant deux linges, dans lesquels avait été déposé le cœur de saint François de Sales.

11. Sandale qui servait à saint François de Sales, quand il officiait.

12. Pièce de broderie, en forme de scapulaire, qui a été, pendant plusieurs années, sur la propre chair du cœur de saint François de Sales.

13. Carton renfermant de la terre qui a été trempée dans le liquide qu'avaient rendu les entrailles de saint François de Sales.

14. Lettre autographe de saint François de Sales.

15. Voile de sainte Jeanne-Françoise de Chantal ; partie de son bandeau de laine doublé en toile.

16. Mouchoir, qui a reposé, pendant plu-plusieurs années, sur le visage de sainte Jeanne-Françoise de Chantal, après sa mort.

17. Laine du matelas sur lequel saint François de Sales est mort.

18. Oreiller de plumes, sur lequel reposait la tête de saint François de Sales, après sa mort.

19. Reliquaire contenant de la chair de sainte Jeanne-Françoise de Chantal.

Toutes ces reliques sont enfermées dans un meu-ble précieux, placé dans la chapelle du Sacré-Cœur et toujours accessible à la dévotion des fidèles.

CALENDRIER PAROISSIAL

LES *Dimanches :* A 7 heures, Messe du prône ;

A 9 heures, Messe dans la chapelle de l'Enfant-Jésus, pour les élèves des écoles et des catéchismes ;

A 10 heures, Grand Messe.

A 3 heures, vêpres et bénédiction.

Le soir, à 6 heures, catéchisme de persévérance suivi de la bénédiction.

Les jeudis : à 8 heures, Messe en l'honneur du Très Saint Sacrement, exposition du Très Saint Sacrement, bénédiction.

Les samedis : le matin, à 7 heures, Messe pour les associés de la Confrérie du Saint-Rosaire.

Le soir, à 7 heures en hiver, à 8 heures en été, chant des litanies de la Sainte Vierge et bénédiction

Les 1ers dimanches du mois : à 8 heures et à 2 heures, réunion des Enfants de Marie : à 8 heures, sainte Messe ; à l'exercice de 2 heures, instruction et bénédiction.

Le 1er jeudi de chaque mois : à 8 heures, Messe solennelle, chantée par le chœur des Dames, allocution, amende honorable à Jésus-Eucharistie, bénédiction.

Le 1er vendredi de chaque mois : à 6 heures Messe et communion réparatrice des jeunes gens et des hommes, allocution ;

A 7 heures, Messe pour les associés de la Confrérie du Sacré-Cœur.

A 8 heures du soir, Chemin de la Croix et bénédiction en l'honneur du Sacré-Cœur.

Le 3e dimanche du mois : à 8 heures, Messe et communion des enfants de la paroisse, dans la chapelle de l'Enfant-Jésus ; allocution par M. le Curé, benédiction.

A tous les offices, exposition du Saint-Sacrement.

Le soir, après vêpres, procession dans l'intérieur de l'église et bénédiction du Saint-Sacrement.

Le 3e lundi du mois : à 7 heures 1/2, Messe pour les associés défunts de l'Adoration-Perpétuelle.

Les 1er et 3e lumdis du mois : à 8 h. 1/2 du soir, réunion des jeunes gens.

FÊTE DE LA CIRCONCISION : Grand Messe à 9 heures, et, le soir, à 7 heures, salut et bénédiction.

FÊTE DE L'EPIPHANIE DE NOTRE-SEIGNEUR : à 8 heures, Messe basse solennelle.

Le 14 janvier : PETITE COMMÉMORAISON DES MORTS ; à 8 heures, Grand Messe suivie de l'absoute.

Le 18 janvier : Messe solennelle pour l'Œuvre du Denier de Saint-Pierre.

Dans la *3e semaine de janvier,* visité paroissiale à domicile par les membres du clergé, et quête pour les Œuvres de la paroisse.

FÊTE DE SAINT FRANÇOIS DE SALES, patron de la paroisse : à 8 heures, Messe solennelle, allocution, bénédiction du Saint Sacrement. La solennité est renvoyée au dimanche suivant, et est précédée d'une Octave préparatoire : tous les soirs, salut et sermon, à 8 heures.

FÊTE DE LA PURIFICATION DE LA SAINTE VIERGE : à 7 heures, Messe basse pour les confrères du Saint-Rosaire, allocution;

A 9 heures, bénédiction des cierges, et procession suivie d'une Messe basse solennelle.

Solennité des Quarante-Heures : exposition solennelle du Saint Sacrement depuis 6 heures du matin jusqu'à 8 heures du soir.

Le soir, à 8 heures, salut solennel.

Mercredi des Cendres : à 9 heures,

Grand Messe, précédée de la bénédiction et de l'imposition des Cendres. On les distribue également après toutes les messes.

Pendant le mois de MARS : exposition du Saint Sacrement, tous les vendredis.

Du 11 au 19 inclusivement, Neuvaine en l'honneur de Saint Joseph. Tous les matins, à 8 heures, Messe basse à l'autel de Saint-Joseph.

Le 19 mars, FÊTE DE SAINT JOSEPH : à 8 heures, Messe basse solennelle, et allocution.

A 8 heures du soir, sermon, salut solennel et bénédiction.

FÊTE DE L'ANNONCIATION : à 7 heures, Messe basse pour les confrères du Saint-Rosaire, allocution ;

A 8 heures, Messe basse solennelle.

PENDANT LE SAINT TEMPS DU CARÊME

Tous les jours, excepté le samedi, offices religieux à 8 heures du soir :

Le dimanche, le mardi et le jeudi, instruction par M. le Prédicateur de la Station, et bénédiction avec le Saint Ciboire.

Le lundi et le mercredi, instruction par MM. les Vicaires ;

Le vendredi, exercice du Chemin de la Croix.

Du 4ᵉ dimanche de Carême au dimanche de la Passion : retraite pour les ouvrières et les domestiques.

A 6 heures, instruction précédée et suivie de la Sainte Messe.

Le dimanche : communion générale des retraitantes à la messe de 5 h. 1/2.

Du dimanche de la Passion au dimanche des Rameaux : retraite pour les dames.

A 3 heures, instruction suivie de la bénédiction du Saint Sacrement.

Communion générale le Jeudi Saint.

Du dimanche de la Passion au Mardi Saint : retraite pour les hommes.

A 8 heures du soir, conférences suivies de la bénédiction.

Mardi après le dimanche de la Passion, service funèbre pour les confrères du Saint-Sacrement décédés.

Dimanche des Rameaux : bénédiction du buis bénit à 9 heures 3/4. Chant de la Passion.

Le Jeudi Saint : à 9 heures, Messe solennelle.

A 2 heures, bénédiction des enfants.

A 3 heures, cérémonie du lavement des pieds.

A 8 heures du soir, amende honorable et chants par la maîtrise de la paroisse.

A 11 heures, heure sainte méditée.

Toute la journée, adoration du Saint Sacrement. De minuit à 5 heures du matin, l'adoration est faite par les hommes seuls.

Le Vendredi Saint : l'office du matin est à 9 heures; et, à 8 heures du soir, le sermon sur la Passion.

A 3 heures, Chemin de la Croix.

Le Samedi Saint : à 8 heures, office et Grand Messe solennelle.

A 5 heures du soir, chant du *Regina cœli*.

Le *Saint Jour de Pâques* : à la Messe de 7 heures, communion générale des hommes.

A 8 heures du soir, salut solennel.

Lundi de Pâques : à 8 heures, Messe solennelle.

A 8 heures du soir, salut solennel et bénédiction.

Mois de MAI : tous les soirs, à 8 heures, exercices du *mois de Marie*, chants, instruction, bénédiction, quête pour la Confrérie du Rosaire. L'ouverture et la clôture se célèbrent avec grande solennité.

Le 1er *jeudi de mai* : cérémonie solennelle de la Première Communion, précédée d'une retraite de trois jours pour tous les enfants. Les exercices de la retraite ont lieu, le matin, à 9 heures, et le soir, à 3 heures.

Jour de la Première Communion : Messe à 7 heures ; à 3 heures du soir, rénovation des promesses du baptême, consécration à la Sainte Vierge.

Le *1er dimanche de mai :* fête de la Congrégation des Enfants de Marie et réception de nouvelles congréganistes.

Jours des Rogations : à 8 heures, Messe basse, précédée du chant des litanies et de la procession.

Vigile de la Pentecôte : à 8 heures, Messe basse, précédée de la bénédiction solennelle de l'eau aux fonts baptismaux.

Lundi de la Pentecôte : à 8 heures, Messe basse solennelle.

Fête-Dieu : à 8 heures, Messe solennelle et seconde communion solennelle des enfants de la Première Communion.

Les deux dimanches à Vêpres, procession solennelle du Très Saint Sacrement.

Tous les soirs de l'Octave, à 8 heures, salut solennel en l'honneur du Très Saint Sacrement.

Fête du Sacré Cœur : à 7 heures, Messe pour la confrérie ;

A 8 heures, Messe basse solennelle.

A 8 heures du soir, salut solennel, sermon, bénédiction.

Fête de saint Jean-Baptiste : à 8 heures, Messe basse solennelle.

Fête des Apôtres saint Pierre et saint Paul : à 8 heures, Messe basse solennelle.

Fête de la Visitation : à 7 heures, Messe pour la confrérie du Saint-Rosaire, allocution.

Fête de saint Irénée : à 8 heures, Messe basse solennelle.

Fête de sainte Madeleine, second patron de la paroisse : à 8 heures, Messe basse solennelle.

Octave de l'Assomption : tous les soirs, à 8 heures, salut solennel.

Fête de sainte Jeanne Françoise de Chantal : le soir, à 8 heures, salut solennel et vénération des reliques de la Sainte.

Fête de la Nativité de la B. V. Marie : à 7 heures, Messe pour la Confrérie du Saint-Rosaire, allocution ; à 8 heures, Messe basse solennelle, suivie de la consécration de la ville de Lyon à la Sainte Vierge.

Mois d'OCTOBRE : tous les soirs, à 8 heures, exercices du Saint-Rosaire et bénédiction, quête.

Mardi, après le dimanche du Rosaire, à 8 heures, service funèbre pour les associés défunts de la confrérie.

Fête et octave des Morts : tous les soirs, à 8 heures, salut solennel ; le jour des Morts, il y a sermon, au Salut.

Fête de l'Immaculée-Conception : fête patronale des Enfants de Marie, précédée d'une retraite de huit jours. — Tous les matins, à 7 heures, instruction, précédée et suivie de la Sainte Messe.

Fête de l'Adoration-Perpétuelle, le troisième jeudi de décembre : le Saint Sacrement est exposé, toute la journée.

A . 8 heures, Messe solennelle et allocution.

Le soir, à 8 heures, salut solennel, sermon, amende honorable, bénédiction.

Le lendemain, à 7 h. 1/2, Messe pour les associés défunts de l'Œuvre de l'Adoration-Perpétuelle.

Fête de Noël : à minuit, invitatoire, Grand Messe suivie de deux messes basses.

A tous les offices, on fait la quête pour les pauvres de la paroisse.

Pendant l'octave, Salut à 8 heures du soir.

Fête de saint Etienne : à 8 heures, Messe basse solennelle.

Fête de saint Jean : à 8 heures, Messe basse solennelle.

Le 28 décembre, anniversaire de la mort de saint François de Sales :

A 8 heures, Messe basse solennelle.

Le soir, après le salut, on fait la vénération de ses reliques.

COUTUMES PAROISSIALES(1)

ET

AVIS AUX FIDÈLES

RENSEIGNEMENTS DIVERS

L'ÉGLISE est ouverte, de 5 heures 1/2 du matin à 7 heures du soir, du jour de la Toussaint à la fête de Pâques ; de 5 heures du matin à 8 heures du soir, de la fête de Pâques à la Toussaint.

La sacristie est fermée, de midi 1/4 à 2 heures.

Le presbytère est situé rue Saint-Jo-

---

(1) Il est bon de se souvenir que ces coutumes peuvent être modifiées, et que ces renseignements doivent être contrôlés, de temps en temps.

seph, 11 : Monsieur le Curé occupe le premier étage, Messieurs les Vicaires le deuxième.

Le vicaire de semaine est visible, tous les jours, c'est à lui qu'il faut s'adresser pour ce qui concerne le service religieux des paroissiens.

OFFICES RELIGIEUX

Tous les jours on dit des messes, toutes les demi-heures, depuis 6 heures du matin jusqu'à 9 heures inclusivement; puis, à 10 heures, 11 heures et midi.

Les saluts du Saint Sacrement ont lieu à 8 heures du soir.

Les dimanches et jours de fête chômées, les messes ont lieu aux mêmes heures que la semaine.

A 7 heures, messe du prône; la messe de 7 heures 1/2 est dite à l'autel de la

Sainte-Vierge; on y distribue la communion; à 10 heures, Grand Messe.

La messe hebdomadaire de 11 heures est retardée le dimanche de demi-heure à cause de la grand'messe.

Les vêpres sont chantées, à 3 heures.

Les chaises sont gratuites, tous les jours, jusqu'à 7 heures ; le dimanche, à la messe du prône, au catéchisme de persévérance; aux retraites de Carême.

Le tarif ordinaire est de o fr. o5 pour la chaise ordinaire, de o fr. 10 pour une chaise et un prie-Dieu. Les fidèles sont invités à payer cette légère rétribution si nécessaire pour pourvoir aux frais généraux du culte et subvenir aux lourdes charges qui sont imposées à la Fabrique.

BAPTÊMES

Les baptêmes se font, chaque jour, aux heures que désirent les familles, et ne doivent être différés plus de trois jours entiers après la naissance. On est prié de s'entendre avec le vicaire de semaine pour le jour et l'heure qui conviennent, et d'être très exact au rendez-vous donné.

Il n'est point d'usage d'administrer le baptême pendant la grand messe, les vêpres, et autres cérémonies solennelles.

Pour les permissions d'*ondoiement*, sauf le cas de nécessité urgente, il faut en demander l'autorisation à l'Archevêché.

Le secrétariat de l'archevêché est situé avenue de l'Archevêché, 4 ; il est ouvert le matin de 9 heures à midi, et le soir de 3 heures à 5 heures. Un vicaire général reçoit aux mêmes heures.

Les personnes qui désireraient un certificat de baptême doivent s'adresser au Frère sacristain ; aucune rétribution n'est exigée.

On recommande très instamment aux mères la sainte habitude des *relevailles*.

CONFESSIONS ET COMMUNIONS

On trouve des confesseurs, tous les jours, à l'église ; on est prié de venir de préférence, le matin, ou dans la soirée, mais à chaque heure on peut demander le vicaire de semaine et le faire appeler par le Frère sacristain. Les personnes pieuses sont instamment priées de ne pas se présenter au confessionnal les veilles de fêtes. C'est un devoir de charité dont elles doivent comprendre toute l'importance.

Il y a communion, pour les jeunes gens le premier vendredi du mois, à 6 heures ; pour les Enfants de Marie, le premier dimanche du mois, à 8 heures ; pour les enfants des écoles et du patronage, le troisième dimanche du mois, à 8 heures.

Les associées de l'Adoration perpétuelle sont invitées à faire la communion le premier jeudi du mois, à 8 heures ; les confrères du Saint-Rosaire à venir à la Table

Sainte, spécialement pour toutes les fêtes de la Sainte Vierge.

MARIAGES

On ne doit point oublier que, le mariage étant un grand sacrement, il est du devoir des époux de se préparer à le recevoir avec soin et surtout en état de grâce, afin de mériter les bénédictions de Dieu pour le présent et l'avenir.

Il est nécessaire de se présenter à la paroisse, quelques semaines avant son mariage, pour faire publier ses bans et savoir quels actes on doit produire.

S'il y a des empêchements au mariage, on doit les révéler sans retard, afin d'avoir le temps d'obtenir les dispenses nécessaires.

Toutes les pièces nécessaires au mariage doivent être remises, la veille de sa célébration.

Les pièces nécessaires au mariage
sont :

Les extraits de baptême des futurs époux ;

Le certificat des publications, faites dans la
paroisse de chacun des futurs époux ;

Le certificat des dispenses, s'il y a lieu, de publication, de temps, de parenté, de religion, suivant
les cas. Quand la nature de la dispense demande
de recourir à Rome, il faut compter environ six
semaines pour l'obtention des dispenses ;

Le billet de confession ;

Le livret de la mairie.

On doit prévenir du jour et de l'heure
de son mariage. Il serait à désirer qu'on
célébrât le mariage, le matin, afin qu'on
puisse entendre la Sainte Messe.

Nous rappelons que tout mariage de
catholique qui ne serait point contracté
devant le propre curé de la paroisse est une
union illégitime.

Le *divorce* est absolument condamné
par Jésus-Christ et par l'Eglise. Aucun de
ceux qui y aurait eu recours ne peut con-

voler à de nouvelles noces, pour quelque motif que ce soit.

SAINT VIATIQUE, EXTRÊME-ONCTION

Il est du devoir des familles qui ont des malades d'avertir, au plus tôt, le prêtre. Dans les cas pressants, on peut réclamer un membre du clergé paroissial à toute heure du jour et de la nuit.

Les voisins charitables doivent suppléer au défaut des familles, si celles-ci omettaient de remplir ce devoir.

En ce qui concerne les infirmes, on est prié de s'entendre avec leur confesseur, ou le vicaire de semaine.

Pour l'administration des sacrements, il faut préparer une petite table recouverte d'une nappe. Sur cette table, il faut placer un crucifix, deux flambeaux, de l'eau bénite avec le buis bénit, un verre d'eau pour la purification des doigts du prêtre ; cinq ou six boules de coton, sur un plateau, si on doit donner l'Extrême-Onction.

FUNÉRAILLES

Dès qu'une famille est affligée par un décès, il importe de nous prévenir, et de régler l'ordre de la cérémonie.

On doit toujours apporter le bulletin de décès délivré par l'officier de l'état civil.

On trouve, à la sacristie, le tarif détaillé des honoraires de messes, de funérailles, et autres services funèbres.

On ne refuse jamais de faire, sans frais, les diverses fonctions du ministère pour ceux qui seraient dans la nécessité de les réclamer.

Ces tarifs n'ont rien d'arbitraire, ils ont été établis et règlementés par les autorités ecclésiastique et civile. Le Clergé et la Fabrique, en les appliquant, ne font qu'exercer un droit et accomplir un devoir.

CULTE DES DÉFUNTS

Quand il y a un décès, dans une famille, il importe d'assurer aussitôt au défunt des prières pour le salut de son âme. Si l'on dispose d'honoraires pour de nombreuses messes, on est prié de passer à la sacristie où un registre est toujours ouvert à cet effet. Les messes nombreuses qui se célèbrent dans la paroisse permettent de satisfaire aux légitimes désirs des paroissiens.

Il est d'usage de faire dire, pour les défunts, une messe de *quarantaine* et une messe *d'anniversaire*. Beaucoup de familles se réservent ces jours-là, un service funèbre, ou toutes les messes de la matinée.

Quelques familles demandent aussi pour leurs trépassés un *annuel* de messes, c'est-à-dire une messe, tous les jours, ou au moins un jour par semaine, pendant un an. D'autres ont recours au *trentenaire grégorien*, c'est-à-dire à l'offrande de trente messes consécutives pour obtenir l'indulgence promise à saint Grégoire : ce sont là de pieux usages qu'il importe de conserver.

Si l'on voulait établir une *fondation de messes*, à perpétuité, il faudrait s'entendre avec M. le Curé et la Fabrique, qui prendront les mesures nécessaires pour assurer légalement la fondation demandée.

Un tronc pour les âmes du purgatoire est placé, dans l'église, afin d'offrir des messes à l'intention des âmes délaissées.

PAIN BÉNIT

L'oblation du pain bénit est un acte religieux : il est très désirable que toutes les familles acceptent, chrétiennement et simplement, ce vénérable usage, que la paroisse Saint-François s'honore de maintenir toujours en vigueur. Le suisse est chargé de s'entendre avec les familles, à ce sujet.

EAU BÉNITE

Toute maison chrétienne doit posséder un peu d'eau bénite : on peut s'en procurer spécialement le Samedi-Saint et la veille de la Pentecôte. En dehors de ces époques, il suffit de s'adresser au Frère sacristain.

CIERGES BÉNITS

La bénédiction des cierges se fait spécialement le 2 février, jour de la Chandeleur. En dehors de cette date, on en trouve à la sacristie ; on peut aussi s'adresser à la loueuse de chaises.

APPENDICE

NOMS

DE

MESSIEURS LES CURÉS DE St-FRANÇOIS

MM.

MATHEVET	1803-1806.
Charles JULLIARD	1806-1829.
Camille NEYRAT.	1829-1841.
François DEVIENNE	1842-1868.
Jacques GOURGOUT	1868-19 .

NOMS DE MESSIEURS LES VICAIRES[1]

MM.

Marié	
Marchand	
Ollion	avant 1803.
Martignac	
Julliard	
Marie	1803-1805.
Marchand	1803-1810.
Jeannerot	1807-1809.
Barraud, curé à Saint-Romain-en-Couzon	1808-1811.
Michaud, curé à Chevrières .	1809-1819.
Sourd	1810-1828.
François	1811-1812.
Neyrat	1812-1817.

(1) Les dates étant prises dans les annuaires peuvent être en retard d'une année, ceux-ci ne paraissant que l'année suivant la nomination. On indique seulement le poste occupé actuellement par le titulaire, ou celui qu'il occupait lors de son décès.

MANZON . . . . 1812-1819.

DEZORZI, curé de Serin, prêtre
habitué . . . . 1818-1830.

VILLECOURT . . . . 1817-1818.

MARCEL, aumônier à l'Anti-
quaille. . . . . 1819-1831.

PRIVAT, curé de Saint-Génis-
Laval . . . . 1819-1821.

ROUX, curé de Larajasse . . . 1821-1826.

BEZ, curé de Oullins. . . . . 1823-1826.

CHERBONNIÈRE, aumônier de la
Visitation. . . . . 1824-1836.

DORMAND, mort à Saint-Fran-
çois . . . . 1826-1833.

GABRIEL, aumônier au grand
Hôtel-Dieu . . . . 1828-1836.

MESSY . . . . 1832-1836.

VIGNON, curé de Ronno . . . . 1834-1841.

QUÉRAT, curé de Saint-Didier-
s.-Rochefort. . . . . 1834-1837.

SIMON . . . . 1835-1843.

POINTIER. . . . . 1837-1848.

ALESMONIÈRE. . . . . 1838-1845.

TAMAIN, curé de la Rédemption 1843-1849.

GUILLOT, curé de Saint-Just. . 1846-1858.

BOUILLARD, mort à Saint-Fran-
çois . . . . 1848-1858.

GRISAUD, aumônier de l'Hôtel-
Dieu 1850-1856

GALLEY, curé de Saint-Barthé-
lemy-Lestra. . . . . 1855-1867.

JAILLET, curé de Frontenas . . 1857-1868.

SERVE, mort à Saint-François. 1858-1861.

TRICAUD, curé d'Ecully . . . . 1858-1871.

CALLANDRY, mort en 1861 à
Saint-François. . . . . 1861.

CHAFFAL, curé de Saint-Bon-
net-les-Oules . . . . 1863-1865.

VIGNON, curé de Notre-Dame
du Point-du-Jour. . . . . . 1868-1879.

THÉVENIN, curé de N.-D. Bon-
Secours, à Montchat. . . . 1868-1873.

ESSERTAISE, curé de Saint-
Vincent-de-Paul . . . . . . 1869-1872.

BONNARDET, vicaire général. . 1871-1872.

PUTOD, curé de la Grande-
  Eglise, à Saint-Etienne . . 1873-1879.

SÉON, curé de Saint-Galmier. 1873-1880.

REYNARD, 1er aumônier en chef
  de l'Hôtel-Dieu . . . . 1874-1888.

VAUDIER, curé de l'Annoncia-
  tion . . . . 1879-1891.

MERCIER, curé de l'Arbresle. . 1880-1885. .

BESSON, curé de Saint-Julien-
  en-Jarez. . . . . 1880-1885.

DÉCHAVANNES, curé de Couzon. 1885-1894.

MÜLLER, curé de Saint-Julien-
  s.-Montmelas . . . . 1885-1892.

RIVOIRE 1888-   .

BERTHELOT. 1891-   .

LACOMBE 1892-   .

MOTTET 1894-   .

PROFESSEURS DE L'ÉCOLE CLÉRICALE (1)

MM.

GRIZAUD . . . . 1842-1849.
GALLEY. . . . . 1849-1854.
SERVE. . . . . 1855-1857.
CITTER, aumônier du Verbe-
Incarné . . . . 1857-1858.
VIGNON. . . . . 1858-1865.
RANDON, curé de Saint-Clair. 1866-1868.
CARTELIER, premier aumônier à
l'hôpital de la Croix-Rousse. 1869-1873.
PROTHIÈRE, curé du Bon-Pas-
teur . . . . 1873-1879.
MOUILLAUD, curé de Saint-
Nizier-sous-Charlieu. . . . 1876-1877.
BASSON, Ecole Bossuet, à Paris 1877-1880.
POYARD, chapelain à Notre-

(1) Antérieurement on ne trouve aucune indica-
tion dans les archives de l'Archevêché, et les sou-
venirs sont trop vagues pour permettre une mention spéciale.

Dame de Fourvière. . . . . 1879-1880.

Barbe, mariste. . . . . 1880-1881.

Chol, curé des Ardillats. . . . 1880-1884.

Chapelle, vicaire à Terrenoire. 1881-1883.

Gelas, curé d'Ampuis. . . . . 1883-1885.

Lathuillière, vicaire à Saint-
  Bonaventure . . . . 1884-1888.

Roche, vicaire à Saint-Nizier. 1885-1889.

Froget, vicaire à l'Annoncia-
  tion . . . . 1888-1896.

Mourier, vicaire à Saint-Genis-Laval . . . . 1889-1891.

Meunier . . . . 1891.

Puvel . . . . 1896.

NOMS DE MESSIEURS LES FABRICIENS

MM.

Balland de Chamburcy. . . An XI-1833.

Paterne de Chintré. . . 26 ventôse 1804.

Saint-Fond de Penhoet. . . . 1806.

Lazare SIBEAUD DE BEAUSSEM-
    BLANT. . . . . 1812.
RAMBAUD DE MONCLOS. An XI 7 flor.-1825.
DE LA PORTE. . . . . . . An XIII 26 mes.
GARNIER. . . . . 1815.
RIVERIEULX DE CHAMBOST fils,
                18 mai 1806-1825.
Marc-Antoine DE NOLHAC. . . 1806-1829.
DE MONTBRIAN. . . . . . Mars 1811-1825.
VALLELION . . . . 1811-1812.
DE VERNA . . . . Avril 1812-1842.
DE VARAX . . . . 1812.
MAINDESTRE DES BAROLLES,
                décembre 1815-1830.
BOULARD DE GATELIER. . . . 23 août 1823.
Comte DE LEUSSE. . . . . . 18 mars 1825.
DE COURVOISIER . . . . 1825-1829.
Mathieu GARNIER. . . . . 1825-1871.
COSTE . . . . 1828-1852.
Baron DE JESSÉ. . . . . 1828-1847.
Vicomte DE SAINT-TRIVIER,
                10 avril 1829-1851.

Comte DE BROSSE, Préfet, marguillier
    d'honneur.
Vicomte PAULTRE DE LA MOTTE, (Général)
    marguillier d'honneur.
Comte DE LORAS. . . .   5 févr. 1830-1852.
JULLIEN. . . . . 22 déc. 1829-1869.
Comte D'HERCULAIR. . 14 avril 1833-1869.
Edouard ALLUT. . . . . 1836-1867.
CHARCOT, fabricien honoraire.
DE TRICAUD . . . . 1842-1843.
DE COTTON. . . . . 1843-1874.
DE JERPHANION. . . . . 1847-1894.
Hippolyte DE SAINT-TRIVIER. . 1851-1867.
FLEURDELIX. . . . . 1852-1859.
LASSAUSSE . . . . 1852-1869.
Charles DE GATELIER. . . . . 1859-1876.
M. DE MURARD. . . . . 1867-1891.
RIEUSSEC. . . . . 1867-1885.
JULLIEN. . . . . 1869-1889.
DES MARCHES. . . . . 1869-1874.
Léopold DE TRICAUD. . . . . . 1869-1886.
Lodoïs MEAUDRE. . . . . 1871-1889.

Comte DE MONTEYNARD. . . . 1874-1882.
Alphonse DESGEORGES. . . . . 1874-1883.
Martial DE PRANDIÈRES. . . . . 1876.
Léon DE GATELIER. . . . . . . 1882-1892.
Joannès GINDRE . . . . 1883-1899.
Léon CHARVÉRIAT. . . . . . . 1885.
Charles DE BOISSET. . . . . . 1886-1896.
Charles JACQUIER . . . . 1889.
Adrien COLCOMBET. . . . . . 1889.
Edouard PAYEN. . . . . 1891.
Gabriel PERRIN. . . . . 1892.
Comte DE CHABANNES. . . . . 1894.
Fernand SAINT-OLIVE. . . . . 1896.
FLACHAIRE DE ROUSTAN. . . . . 1899.

BIENFAITEURS INSIGNES

M. JULLIARD

M. NEYRAT

M. DEVIENNE

M. RAMBAUD DE MONCLOS

M. Paradis

Mlle Escharlod

M. de Moidière

Mme Charlotte de la Rochette

M. Boulard de Gatelier

Mlle Victoire de Mazière de St-Marcel

Mme Mogniat de Liergues

M. des Barolles

M. Grailhe de Montaima

Mme Pierre Minet

Mme Ravel de Malleval née Baboin de
    la Barollière

Mlle de Quinson

Famille Charcot

M. de Saint-Trivier

M. de Forcrand

M. de Lacroix Laval

M. de Noblet

M. et Mme de Loras

Mlle Cuisinier

M. et Mme Garnier

M. et Mme d'Herculais

M. Coste

M. Charles de Gatelier

Mlle Combe

Mlle Guillot

Mme Vincent de Panette

Mme Guiguet de Vaurion

Mme la marquise de Monspey

M. Pizetti

Mme de Bressolles

Mme d'Apchier

Mme Meunier

M. et Mme Loth Bizot

M. l'abbé Glas

M. Lassausse

M. des marches

Mme Vve Millanois

M. Puy Balthazar

Mme Trimolet

M. Bellot Dupoizat

Mme Jacquemond de Saint-Jean

Mme Monterrad, née Caquet-Vauzelle.

M. Joannès Gindre

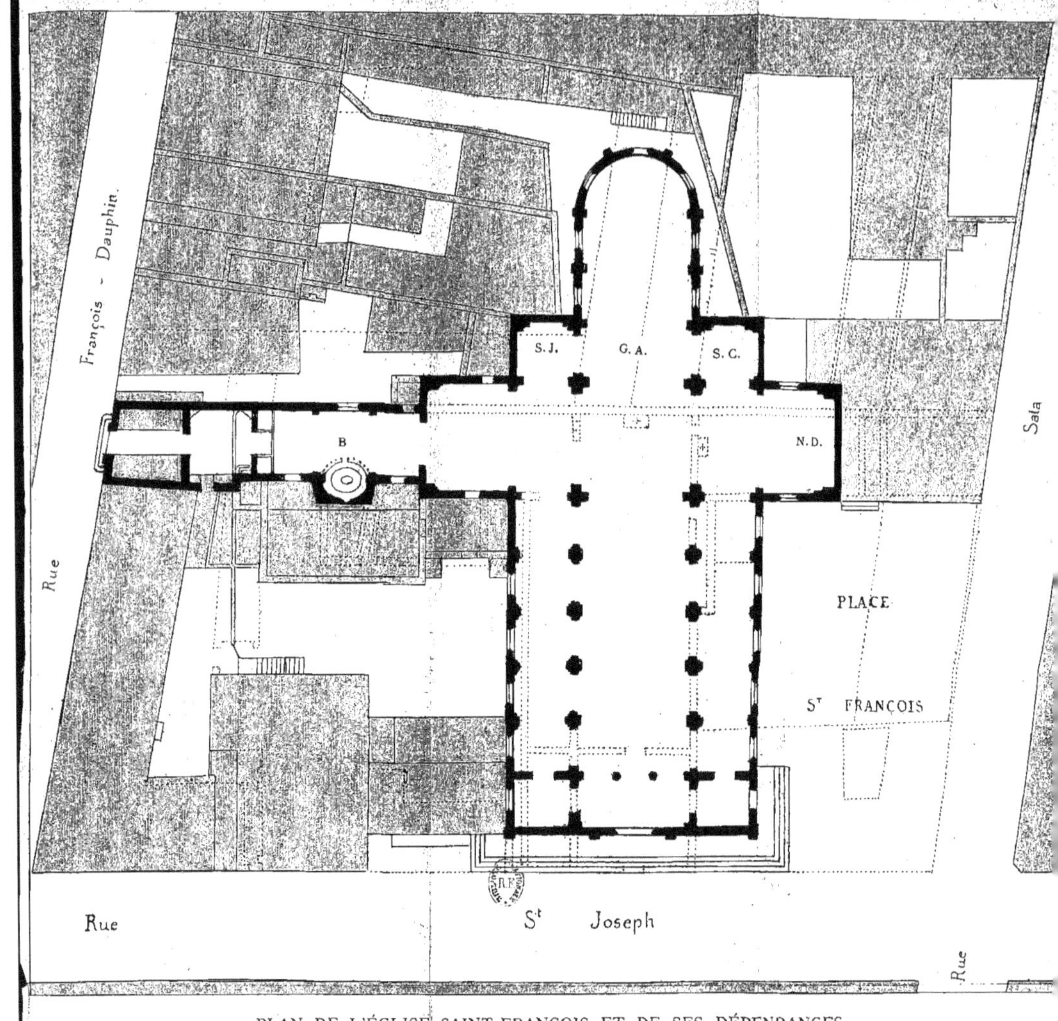

PLAN DE L'ÉGLISE SAINT-FRANÇOIS ET DE SES DÉPENDANCES
COMPARÉ AVEC L'ÉTAT ANCIEN DES LIEUX

Sur ce plan on a tracé l'état actuel en traits soutenus et l'état ancien en lignes ponctuées. Il est facile dès lors de suivre les indications fournies par la notice historique relativement à la construction de l'église et aux diverses modifications opérées dans les bâtiments. Le tènement des Pénitentes est à gauche, du côté de la rue François-Dauphin et sur la rue Saint-Joseph. Les édifices de ce côté correspondent assez exactement, sauf que la maison joignant l'église a subi, aussi bien que celle-ci, un fort reculement. Mais au delà du grand couloir de l'église, au lieu de trois grands corps de bâtiments disposés obliquement autour d'une vaste cour, il existe des maisons bâties d'équerre sur la rue.

Du côté de la rue Sala et au sud de l'église, le changement est encore plus complet. Là se trouvait le tènement des Recluses, formé, d'une part, de trois corps de bâtiments entourant une cour intérieure. Sur la rue Saint-Joseph, étaient les bureaux et leurs dépendances avec une petite cour en forme de trapèze; plus loin, sur la rue Sala, étaient installés le petit réfectoire et les cuisines; au fond, perpendiculairement à la rue, le grand réfectoire, au delà des cuisines; puis, à gauche un corridor, et, plus à gauche encore, la chapelle, formée d'un petit et d'un grand chœur, au fond duquel se trouvait l'autel. En retour d'équerre se trouvaient la sacristie, les bureaux, le petit réfectoire et les cuisines. Par le corridor on pénétrait dans deux cours séparées par un vaste couloir conduisant aux cellules et aux cachots et, de là, dans les autres bâtiments, qui se prolongeaient jusqu'à la rue de la Charité et qu'il était inutile de figurer ici.

Tous ces bâtiments ont été démolis. Les deux cours et le couloir, le grand réfectoire, le corridor, une portion du petit chœur sont remplacés par le Pénitencier militaire, établi sur un plan tout différent; le reste du petit chœur et le grand chœur ont été absorbés par le bras méridional du transept, lequel de plus, de même que la chapelle du Sacré-Cœur, occupe une partie de l'une des cours. La sacristie, une partie de la cour et des bureaux ont formé l'emplacement du bas côté méridional de l'église. Le reste enfin a été déblayé pour former la place Saint-François.

L'église actuelle de Saint-François de Sales est construite sur le plan d'une croix latine. La façade, la rue Saint-Joseph, n'a qu'une seule porte, à laquelle on accède par un perron de trois marches, mais petite porte latérale s'ouvre sur la place Saint-François et donne entrée par un vestibule carré où se tro un escalier conduisant à la tribune méridionale. Un second vestibule semblable conduit de même à la bune septentrionale. En outre, un long couloir, dont l'entrée est sur la rue François-Dauphin, s'ouvre sur prolongement du transept nord et forme une annexe où se trouvent les fonts baptismaux, cotés B sur le pl Au delà, à droite, on pénètre dans la grande et la petite sacristie. La disposition de cette entrée et de l'annexe prolonge le transept au fond duquel s'élève le retable monumental de la chapelle de la Sainte-Vierge (N. D.) produit l'effet d'une seconde église, surtout pour le spectateur placé au bas de l'annexe et qui ne voit ni le chœur ni les nefs.

Le trait ponctué montre l'église de Saint-François telle que, établie sur le plan de la chapelle des Péniten elle était encore en 1830. Le sanctuaire, le chœur, les deux chapelles absidales, dédiées à saint Joseph (S. J. au Sacré-Cœur (S. C.) n'existaient pas encore, le bas côté méridional non plus. Celui du nord, séparé de grande nef par un mur, était resserré par un long couloir. Les deux transepts étaient étroits et ne dépassa pas, si ce n'est à l'ouest, la largeur moyenne de l'annexe et du couloir; enfin le chœur limité au transept se minait par un mur droit, auquel l'autel était adossé comme dans la chapelle des Pénitentes, tandis qu'aujourd'hui, il est (G. A.) en arrière de l'arc triomphal. Par contre la nef se prolongeait jusqu'au niveau du per actuel et se trouvait précédée d'un vaste vestibule.

Il faut remarquer également que les bâtiments, entourant l'église, étaient à cette même époque, dans le mê état qu'avant la Révolution, sauf les cuisines et le petit réfectoire qui étaient déjà démolis.

M. et Mme Billiet Brochier
Mlle Godard
M. Antoine Rosset

Pour ces bienfaiteurs et pour beaucoup d'autres connus de Dieu seul un souvenir et une prière *fervente*.

OFFICE

spécialement concédé par le Souverain Pontife

A LA

PAROISSE SAINT-FRANÇOIS DE SALES

par Bref du 4 Dec. 1896

APPROUVÉ

par l'Ordinaire le 27 janvier 1897.

MESSE

Introït. (*Eccli. 45*).

Le Seigneur a fait avec lui une alliance éternelle ; il lui a donné le sacerdoce de son peuple ; il l'a ceint d'une ceinture d'honneur ; il l'a revêtu d'une robe de gloire, et l'a couronné de tous les ornements de la vertu.

℣. Ps. 118. Que vos paroles sont douces à mon palais : plus que le miel à ma bouche !

℣. Gloire au Père.....

Oraison.

O Dieu, qui avez voulu que le bienheureux François de Sales, votre Confesseur et Pontife, se fît tout à tous pour le salut des âmes : faites, dans votre bonté, que remplis de la douceur de votre

MISSA

Introitus (*Eccli.*, 45).

Statuit ei testamentum æternum, et dedit illi sacerdotium gentis, et beatificavit illum in gloria, et circumcinxit eum zona gloriæ, et induit eum stolam gloriæ, et coronavit eum in vasis virtutis.

(*Ps.* 118.) Quam dulcia faucibus meis eloquia tua, super mel ori meo.

℣. Gloria Patri.

Oratio

Deus, qui ad animarum salutem beatum Franciscum, confessorem tuum atque pontificem, omnibus omnia factum esse voluisti : concéde propitius ; ut, caritatis tuæ dulcédine perfusi, ejus

charité, guidés par les instructions de ce Saint, et
secourus par ses mérites, nous parvenions au bonheur éternel. Par N.-S. J.-C.....

Epitre

de saint Paul aux Ephésiens (III, 7-21).

J'ai été fait ministre de Jésus-Christ selon le
don de la grâce de Dieu, qui m'a été accordée par
l'efficacité de sa puissance. A moi qui suis le
moindre de tous les saints, cette grâce a été accordée d'annoncer aux païens les richesses incompré-
hensibles du Christ, et de mettre en lumière quelle
est la dispensation du mystère caché de tout temps
en Dieu qui a créé toutes choses, afin que les
dominations et les autorités dans les cieux connaissent aujourd'hui, par l'Eglise, la sagesse infiniment variée de Dieu, selon le dessein éternel qu'il
a mis à exécution par Jésus-Christ Notre-Seigneur,
en qui nous avons, par la foi en Lui, la liberté de
nous approcher de Dieu avec confiance. Aussi je
vous demande de ne pas perdre courage à cause
de mes tribulations pour vous : elles sont votre
gloire. A cause de cela, je fléchis les genoux devant le Père de Notre-Seigneur Jésus-Christ,

dirigentibus monitis, ac suffragantibus meritis, æterna gaudia consequamur. Per Dominum.

Lectio epistolæ beati Pauli apostoli ad Ephesios (III, 7-21).

Factus sum minister secundum donum gratiæ Dei, quæ data est mihi secundum operationem virtutis ejus. Mihi omnium sanctorum minimo data est gratia hæc : In géntibus evangelizare investigabiles divitias Christi, et illuminare omnes quæ sit dispensatio sacramenti absconditi a sæculis in Deo, qui omnia creavit. Ut innotescat principatibus, et potestatibus in cælestibus per Ecclesiam, multiformis sapientia Dei, secundum præfinitionem sæculorum, quam fecit in Christo Jesu Domino nostro, in quo habemus fiduciam, et accessum in confidentia per fidem ejus. Propter quod peto : ne deficiatis in tribulationibus meis pro vobis : quæ est gloria vestra. Hujus rei gratia, flecto genua mea ad Patrem Domini nostri Jesu Christi, ex quo omnis paternitas in cælis et in terra nominatur ; ut det vobis, secundum divitias gloriæ suæ, virtute corroborari per Spiritum

de qui dérive toute paternité dans le ciel et sur la terre, afin qu'il vous donne, selon les richesses de sa gloire, d'être puissamment fortifiés par son Esprit dans l'homme intérieur, afin qu'étant enracinés et fondés dans l'amour, vous puissiez comprendre avec tous les saints quelle est la largeur, la longueur, la profondeur et la hauteur et connaître l'amour du Christ qui surpasse toute connaissance, en sorte que vous soyez remplis de toute la plénitude de Dieu.

Or à celui qui peut faire, par la puissance qui agit en nous, infiniment au-delà de tout ce que nous demandons et pensons, à lui soit la gloire dans l'Eglise et en Jésus-Christ, dans toutes les générations, aux siècles des siècles. Amen.

GRADUEL *(Eccli. 33.)*

Considérez que je n'ai point travaillé pour moi seul, mais aussi pour tous ceux qui recherchent la sagesse.

℣. Ecoutez-moi, grands de la terre, hommes du peuple, et vous tous qui présidez aux assemblées : prêtez l'oreille.

Alleluia, alleluia. ℣. (Ps. 32.) Voici que les yeux

ejus in interiorem hominem, Christum habitare per fidem in cordibus vestris : in caritate radicati et fundati ; ut possitis comprehendere cum omnibus sanctis, quæ sit latitudo, et longitudo, et sublimitas, et profundum ; scire etiam supereminentem scientiæ caritatem Christi, ut impleamini in omnem plenitudinem Dei. Ei autem, qui potens est omnia facere superabundanter quam petimus, aut intelligimus, secundum virtutem, quæ operatur in nobis : ipsi gloria in Ecclesia, et in Christo Jesu, in omnes generationes sæculi sæculorum. Amen.

GRADUALE (*Eccl.* 33).

Respicite quoniam non mihi soli laboravi, sed omnibus exquirentibus disciplinam.

℣. Audite me, magnates, et omnes populi, et rectores Ecclesiæ, auribus percipite.

Alleluia, alleluia. ℣. (*Ps.* 32.) Ecce oculi Dodu Seigneur se reposent sur ceux qui le craignent, sur ceux qui espèrent en sa bonté. *Alleluia.*

PROSE.

Chœurs angéliques, applaudissez : une étoile nouvelle se lève dans le ciel ; chantez les louanges de François de Sales, qui s'élève triomphant vers les astres.

Quelle aimable sérénité brille sur son visage ! Quelle dignité sur son front ! Quelle splendeur nouvelle rayonne sur toute sa personne !

L'erreur, qui, pour se soutenir, recourt à tous les artifices, désespère de résister à la puissance de son regard.

Rien n'est inaccessible à la céleste lumière qui l'éclaire de ses rayons : tout cède au Dieu dont les grâces ornent son âme.

mini super metuentes eum; et in eis qui sperant
super misericordia ejus. Allelluia.

PROSA

quæ, Lugduni, dicitur etiam in Missis non cantatis :

Cœlestes chori, plaudite ;
Cœlo nova lux oritur ;
Salesium concinite,
Ad astra dum extollitur.

Quam sereno conspicuus
Ore se fert amabilem !
Quis frontis honos, quis novus
Splendor exornat Præsulem !

Nequicquam malis artibus
Sese nitens assérere,
His Præsulis aspectibus
Sperat error obsistere.

Nihil invium lumini,
Cujus refulget radiis :
Nihil non cedit numini,
Cujus ornatur gratiis.

Ceux que la vérité, parlant par sa bouche un langage aussi suave que le miel, avait instruits et touchés, la charité, par ses pieux élans, les enfantait à la vertu.

Pour aplanir aux pécheurs le chemin du Ciel, il leur méritait, par ses larmes amères, le pardon de leurs crimes.

Avec quel zèle ardent, pasteur d'âmes, il veilla sur son troupeau : pour porter secours aux égarés, qu'il fut prodigue de sa vie !

Un fleuve aux eaux glacées met obstacle à son zèle : il n'hésite pas, pour le franchir, à risquer ses pas sur une poutre chancelante.

Errant à travers des contrées dont la neige amoncelée dissimule les chemins, gravissant en rampant des montagnes inaccessibles, environné des embûches de ses ennemis, qu'il brave de périls de toute sorte !

Le labeur du prélat ne demeure pas sans fruit, ni sa confiance sans récompense: pour prix de ses

Mellito quos eloquio,
Ipso docente, veritas
Movebat, affectu pio
Parturiebat caritas.

Ut facilem peccantibus
Recluderet cœli viam,
Amaris ipse fletibus
Promerebatur veniam.

O quibus ardens studiis
Pastor gregi consuluit!
Ut opem ferret deviis,
Vitæ quam prodigus fuit!

Dum glacialem fluvium
Transire zelus incitat,
Nutans trabi vestigium
Committere non dubitat.

Per nives errans invias,
Per montes reptans invios,
Per hostium insidias,
Casus quot subit varios!

Non vanus labor Præsulis;
Vana non est fiducia :

fatigues, il voit l'Église de Genève étendre ses conquêtes.

Le nombre de vos années, ô François de Sales, va toujours croissant, mais votre sainteté semble devenue si parfaite qu'elle ne puisse désormais s'accroître; vous êtes mûr pour Dieu : la patrie céleste vous appelle.

Par l'intercession de celui que vous nous aviez donné ici-bas pour pasteur, daignez, nous vous en prions, ô vous le Prince des Pasteurs, nous ouvrir un jour les demeures éternelles.

Ainsi soit-il !

*Après la Septuagésime, on omet l'*Alleluia *et la* Prose, *et l'on dit, à la place, le Trait suivant :*

TRAIT (*Ps. 33.*)

Goûtez et voyez combien le Seigneur est doux : heureux l'homme qui espère en lui ! ℣ (Prov. 16.) Le cœur du sage instruira sa bouche et répandra sur ses lèvres une grâce nouvelle. ℣ (*Ibid.*, 17.) Celui qui pratique la retenue dans ses paroles est docte et prudent, et celui qui ménage, comme une chose précieuse, la pensée de son esprit, est un homme savant.

Crescit ejus periculis
Genevensis Ecclesia.

Annos tua jam superat
Virtus augeri nescia ;
Jam Deo maturum vocat
Te Superorum patria.

Quem hic pastorem dederas,
Tuorum pastor optime,
Per illum nobis superas,
Precamur, domos annue.
Amen.

Post Septuagesimam, omissis Alleluia, *cum* ℣. *seq.,
et* Prosa, *dicitur :*

TRACTUS (*Ps.* 33).

Gustate et videte, quoniam suavis est Dominus :
beatus vir qui sperat in eo. ℣. (*Prov.* 16). Cor sa-
pientis erudiet os ejus, et labiis ejus addet gra-
tiam. ℣. (*Ibid.* 17.) Qui moderatur sermones suos,
doctus et prudens est : et pretiosi spiritus vir eru-
ditus.

EVANGILE (*S. Matthieu* (v, 13-19.)

En ce temps-là, Jésus dit à ses disciples : vous êtes le sel de la terre. Mais si le sel perd sa saveur, avec quoi la lui rendra-t-on ? Il n'est plus bon qu'à être jeté dehors et foulé aux pieds par les hommes. Vous êtes la lumière du monde. Une ville située sur une montagne ne peut être cachée ; et on n'allume pas une lampe pour la mettre sous le boisseau, mais on la met sur le chandelier pour qu'elle éclaire tous ceux qui sont dans la maison. Que votre lumière luise aussi devant les hommes, afin qu'ils voient vos bonnes œuvres et glorifient votre Père qui est dans les cieux. Ne croyez pas que je sois venu pour abolir la Loi ou les Prophètes : je suis venu non pour les abolir, mais pour les accomplir. Car, je vous le dis en vérité, tant que le ciel et la terre ne passeront pas, il ne disparaîtra pas de la Loi un seul iota ou un seul trait de lettre, jusqu'à ce que tout soit arrivé. Celui donc qui transgressera l'un de ces plus petits commandements et qui, de la sorte, enseignera aux hommes à les transgresser, sera appelé le plus petit dans le royaume des cieux ; mais celui qui les observera et enseignera à les observer, celui-là sera appelé grand dans le royaume des cieux.

✠ *Sequentia sancti Evangelii secundum Matthæum* (V, 13-19).

In illo tempore : Dixit Jesus discipulis suis : Vos estis sal terræ. Quod si sal evanuerit, in quo salietur ? ad nihilum valet ultra, nisi ut mittatur foras, et conculcetur ab hominibus. Vos estis lux mundi. Non potest civitas abscondi supra montem posita. Neque accendunt lucérnam, et ponunt eam sub modio, sed super candelabrum, ut luceat omnibus qui in domo sunt. Sic luceat lux vestra coram hominibus, ut videant opera vestra bona, et glorificent Patrem vestrum qui in cœlis est. Nolite putare quoniam veni solvere legem aut prophetas : non veni solvere, sed adimplere. Amen quippe dico vobis, donec transeat cælum et terra, iota unum, aut unus apex non prœteribit a lege, donec omnia fiant. Qui ergo solverit unum de mandatis istis minimis et docuerit sic homines, minimus vocabitur in regno cœlorum : qui autem fecerit et docuerit, hic magnus vocabitur in regno cœlorum. — Credo.

Offertoire (*Apoc.*, 2)

Je connais tes travaux, ta foi, ton ministère, ta constance et tes dernières œuvres, plus nombreuses que les premières.

Secrète

Par la victime salutaire que nous vous offrons, Seigneur, allumez dans nos cœurs ces mêmes flammes du divin amour, dont l'Esprit-Saint embrasa si merveilleusement l'âme très douce du bienheureux François. Par N. S. J.-C.

Préface

℣ Dans tous les siècles des siècles.
℟ Ainsi soit-il.
℣ Le Seigneur soit avec vous
℟ Et avec votre Esprit.
℣ Elevez vos cœurs :
℟ Nous les tenons élevés vers le Seigneur.
℣ Rendons grâces au Seigneur notre Dieu.
℟ C'est juste et raisonnable.

Offertorium (*Apoc.* 2).

Novi opera tua, et fidem, et caritatem tuam, et ministerium, et patientiam tuam, et opera tua novissima, plura prioribus.

Secreta

Per hanc salutarem hostiam, quam offerimus tibi, Domine, divino illo sancti Spiritus igne cor nostrum accende : quo mitissimum beati Francisci animum mirabiliter inflammasti. Per Dominum... in unitate ejusdem.

Præfatio

Per omnia sæcula sæculorum.
℞. Amen.
℣. Dominus vobiscum.
℞. Et cum spiritu tuo.
℣. Sursum corda.
℞. Habemus ad Dominum.
℣. Gratias agamus Domino Deo nostro.
℞. Dignum et justum est.

Il est véritablement raisonnable et juste, il est
équitable et salutaire que nous vous rendions grâces, toujours et partout, Seigneur très Saint, Père
tout-puissant, Dieu éternel, par l'intermédiaire de
N. S. J.-C. C'est Lui qui suscita dans son Eglise,
en la personne du bienheureux François de Sales,
un pasteur selon son cœur, capable, par ses écrits,
ses discours et ses exemples, de raffermir la piété
des fidèles et d'aplanir aux pécheurs le chemin du
salut ; c'est aussi Lui, qui, communiquant avec une
merveilleuse abondance son esprit de douceur à
ce saint Evêque, lui donna non seulement d'incli-
ner à la pénitence les cœurs endurcis des pécheurs,
mais aussi de ramener à l'unité de la foi catholique d'innombrables hérétiques. C'est pourquoi,
en union avec les Anges, les Archanges, les Trônes,
les Dominations et toutes les milices célestes, nous
chantons, Seigneur, un hymne à votre gloire et ré-
pétons sans nous lasser jamais :

Saint, Saint, Saint.....

Communion (*I. Cor.* *9*)

J'ai été faible avec les faibles, afin de gagner les
faibles. Je me suis fait tout à tous les hommes,
afin de les sauver tous.

Vere dignum et justum est, æquum et salutare, nos tibi, semper et ubique, gratias agere, Domine sancte, Pater omnipotens, æterne Deus : per Christum Dominum nostrum. Qui Ecclesiæ suæ beatum Franciscum Pastorem juxta cor suum suscitavit, ut scriptis, sermonibus, et exemplis pietatem corroboraret, et aspera converteret in vias planas. Quique illum suæ lenitatis spiritu tam mirabiliter adimplevit, ut, non solum indurata peccatorum corda ad pœnitentiam flecteret, sed et rebelles tot hæreticorum mentes ad fidei catholicæ unitatem revocaret. Et ideo, cum Angelis et Archangelis, cum Thronis et Dominationibus, cumque omni militia cœlestis exercitus, hymnum gloriæ tuæ canimus, sine fine dicentes :

Sanctus, sanctus, etc.

COMMUNIO (I, *Cor.* 9).

Factus sum infirmis infirmus, ut infirmos lucrifacerem. Omnibus omnia factus sum, ut omnes facerem salvos.

Postcommunion

O Dieu qui nous avez donné, dans la personne
du bienheureux François, votre Confesseur et Pontife, un admirable guide des âmes qui aspirent à
la perfection chrétienne ; et qui, par son intermédiaire, avez daigné enrichir votre Eglise d'une
nouvelle famille de vierges consacrées, faites, par
la vertu du sacrement que nous avons reçu,
qu'imitant ici-bas sa charité et sa douceur, nous
méritions de partager un jour la gloire du Ciel.
Par N. S. J.-C.

Postcommunio

Deus, qui in beato Francisco, Confessore atque Pontifice, eximium christianæ perfectionis ministrum tribuisti, et per eum nova Ecclesiam tuam sacrarum virginum prole augere dignatus es : concede, quæsumus; ut, per sacramenta, quæ sumpsimus, ejus caritatem et mansuetudinem imitantes in terris, gloriam quoque consequamur in cælis. Per Dominum.

VÊPRES

AUX PREMIÈRES VÊPRES

1. Ant. (8° ton.)

Ce grand Prélat, pendant sa vie, bâtit au Seigneur une demeure nouvelle, et, durant les jours qu'il passa ici-bas, il consolida le temple de Dieu.

Ps. *Dixit Dominus...*

2. Ant. (3° ton).

Comme un soleil étincelant, ainsi brilla François de Sales dans le temple de Dieu.

Ps. *Confitebor tibi.*

3. Ant. (2° ton.)

Il guérit les maux de son peuple, le sauva de la mort, et s'acquit une gloire magnifique par la vie, qu'il mena au milieu de ses ouailles.

Ps. *Beatus vir.*

AD VESPERAS

IN I VESPERIS

1. Ant. (8° ton).

Sacerdos magnus in vita sua suffulsit domum, et in diebus suis corroboravit templum.

Ps. *Dixit Dominus...*

2. Ant. (3° ton).

Quasi sol refulgens, sic effulsit Franciscus in templo Dei.

Ps. *Confitebor tibi.*

3. Ant. (2° ton tr.).

Curavit gentem suam, et liberavit eam a perditione, et adeptus est gloriam in conversatione gentis.

Ps. *Beatus vir.*

4. Ant. (1er ton.)

C'est par la pratique de l'esprit de foi et de la douceur qu'il devint un saint.

Ps. *Laudate Pueri......*

5. Ant. (5e ton.)

Il se fit tout à tous les hommes, pour les sauver tous.

Ps. *Laudate Dominum.....*

CAPITULE (*Eccli.*, *44.*)

Voici un grand Pontife, qui, durant les jours de sa vie, plut à Dieu et fut trouvé juste : il devint, au temps de la colère du Seigneur, un instrument de réconciliation.

HYMNE

Les phalanges célestes chantent votre gloire, ô François de Sales, et la terre, rivalisant avec le ciel, fait retentir ses hymnes de triomphe.

Dès la fleur de l'âge, brûlant de zèle, vous foulez aux pieds les plaisirs du monde ; et consacré

4. Ant. (1er ton).

In fide et lenitate ipsius sanctum fecit illum Dominus.

Ps. *Laudate pueri.*

5. Ant. (5° ton).

Omnibus omnia factus est, ut omnes faceret
salvos.

Ps. *Laudate Dominum.*

Capitulum (*Eccli.* 44).

Ecce sacerdos magnus, qui in diebus suis placuit
Deo, et inventus est justus : et in tempore iracun-
diæ factus est reconciliatio. ℟. Deo gratias.

Hymnus

Tuam, Salesi, prædicant
Gentes supernæ gloriam
Cœlique tellus æmula
Festiva fundit cantica.

Ævo virente fervidus
Terrena spernis gaudia

au Christ tout entier, vous courez, vaillant soldat, vous enrôler sous ses étendards.

Avec un indomptable courage, vous combattez l'hérésie sans trêve ni repos ; et le démon frémit de rage et d'épouvante, à la vue de vos merveilleux triomphes.

Elevé à la dignité de Pasteur des âmes, vous ramenez au bercail les brebis fugitives ; vous vous faites tout à tous, et devenez pour votre troupeau un modèle achevé de perfection.

Docteur admirable, vous faites luire dans tous les cœurs la divine lumière ; vous rendez agréables à tous les sentiers de la vertu.

Du séjour de la gloire, où vous régnez maintenant, ô vous, l'honneur de la Savoie, exaucez nos prières et donnez-nous de marcher toujours sur vos traces.

Jésus, couronne des Pontifes, à Vous seul gloire soit rendue en l'unité du Père et de l'Esprit Saint, pendant toute l'éternité.

Ainsi soit-il.

Christique sanctus unice,
Sub signa miles advolas.

Invicta gestans pectora,
Bello lacessis hæreses ;
Tuosque dæmon infremens
Miros triumphos expavet.

Pastoris auctus munere,
Oves fugaces retrahis ;
Gregique factus omnia
Perfecta forma redderis.

Cœleste, Doctor optime,
In corda lumen ingeris,
Lenemque cunctis efficis
Virtutis almæ semitam.

Nunc qui beata limina
Tenes, decus Sabaudiæ,
Ut te sequamur prævium
Voces præcantum suscipe.

Jesu, corona Præsulum,
Soli tibi sit gloria,
Cum Patre et almo Spiritu,
In sempitérna sæcula. Amen.

℣. Le Seigneur remplit saint François de l'esprit de Sagesse.

℟. Et le saint évêque dispensa au peuple de Dieu les trésors de sa science céleste.

MAGNIFICAT

Ant. (2ᵉ ton).

O Docteur admirable, lumière de la sainte Eglise, bienheureux François de Sales, amoureux observateur de la loi divine, intercédez pour nous auprès du Fils de Dieu.

ORAISON

O Dieu qui avez voulu que le bienheureux François de Sales, votre Confesseur et Pontife, se fît tout à tous pour le salut des âmes; faites, dans votre miséricorde, que, pénétrés de la douceur de votre charité, guidés par les instructions de ce Saint et secourus par ses mérites, nous parvenions au bonheur éternel. Par N.-S. J.-C.

℣. Replevit sanctum Franciscum Dominus spiritu intelligentiæ.

℟. Et ipse fluenta doctrinæ ministravit populo Dei.

Ad Magnificat

Ant. (2° ton).

O doctor optime, Ecclesiæ sanctæ lumen, beate Francisce, divinæ legis amator, deprecare pro nobis Filium Dei.

Oratio

Deus, qui ad animarum salutem beatum Franciscum, Confessorem tuum atque Pontificem, omnibus omnia factum esse voluisti : concede propitius : ut, caritatis tuæ dulcedine perfusi, ejus dirigentibus monitis, ac suffragantibus meritis, æterna gaudia consequamur. Per Dominum.

AUX SECONDES VÊPRES

Antiennes et Psaumes des premières vêpres ; mais, au au lieu du dernier, on. dit le Psaume : Memento, Domine, David, p. 224.

Capitule des premières vêpres.

Hymne

Quel est celui qui, le front ceint d'une céleste auréole, s'avance ainsi dans les airs, porté sur un char d'or? Mille vertus forment son cortège et ornent son triomphe.

François de Sales est enlevé à la terre ; tandis que les cieux retentissent d'applaudissements, unissons nos voix pour chanter son entrée dans la gloire.

Il ne nous est pas ravi tout entier; survivant au trépas, il se retrouve au milieu de ses enfants ; il

IN II^{is} VESPERIS

Anæ et psalmi de I. Vesperis, et loco ultimi, Ps.
Memento Domine, David, p. 225.

Capitulum de I. Vesperis.

Hymnus

Quis sacros vultu jaculatus ignes
Fertur aurato super astra curru ?
Mille virtutes comitantur, addunt
    Seque triumpho.

Pontifex terris rapitur Salesus ;
Festa dum cœli fremit aula plausu,
Nos simul junctis celebremus hymnis
    Astra petentem.

Non abit totus : sua post superstes
Fata, se natis pater ecce reddit ;

nous instruit encore par ses écrits, et se forme de nouveau disciples.

L'amour divin, dont ses livres sont pleins, en-flamme la piété des fidèles; comme à une source pure, on y boit la sainte charité.

A méditer ses œuvres, on sent couler dans son âme un peu de cette céleste volupté, qui inonde les bienheureux dans le ciel; on sent son cœur s'embraser de délicieuses flammes.

Il nous découvre, pour aller au ciel, des chemins faciles : il nous apprend à y marcher; quiconque les oublie, ou s'en éloigne, ne peut que s'égarer.

O vous, que nous adoptons pour notre guide! Faites que nous vous suivions, d'un pied sûr, dans la voie où vous nous avez précédés ! Nous serons toujours en sécurité, sous la conduite d'un tel Père.

Souveraine gloire soit au Père, au Fils, et à vous aussi, Esprit-Saint, qui, lien ineffable de l'un et de l'autre, êtes la source et le gardien du saint amour.   Ainsi soit-il !

Nos adhuc scriptis docet, et magister
    Fingit alumnos.

Insidens castis amor in libellis,
Igneis figit pia corda telis ;
Hìc Dei purum bibit ore puro
    Lector amorem.

Gliscit in mentem meditantis illa
Quæ beat divos eadem voluptas.
Hinc inardescunt liquefacta blandis
    Pectora flammis.

Dum vias pandit faciles Olympo,
Perque monstratos docet ire calles,
Nî memor serves tibi quos notavit,
    Devius ibis.

Dux viæ quem nos sequimur volentes,
Ire det tuto pede, quò præivit ;
Sic erit semper benè fida proles
    Juncta parenti.

Summa laus Patri, simul æqua Nato,
Et tibi compar, utriusque vinclum
Spiritus, custos et origo sancti
    Fons et amoris.   Amen.

℣. A ceux qui sont doux est réservé l'empire de la terre.

℟. Ils se réjouiront au sein d'une ineffable paix.

Magnificat. Ant. *O Docteur...*, comme aux premières vêpres.

Oraison : *O Dieu qui avez voulu, etc...*, comme aux premières Vêpres, p. 230.

℣. Mansueti autem hereditabunt terram.

℟. Et delectabuntur in multitudine pacis.

MAGNIFICAT. Ant. *O Doctor...*

ORATIO : *Deus, qui ad animarum salutem,* etc.., ut in Iis Vesperis, p. 231.

PRIERES

EN L'HONNEUR DE

SAINT FRANÇOIS DE SALES

PROSE

Vénérons, louons et prions avec une pieuse allégresse le saint évêque François de Sales.

Il raffermit la maison de Dieu et brilla, sur le Chablais, comme un astre nouveau.

Il fut le hérault de la vérité, le restaurateur de la piété, le fervent adorateur de la Divinité.

Il fut l'amour du peuple chrétien, la lumière éclatante du monde et l'honneur de l'ordre épiscopal.

PRECES

IN HONOREM

SANCTI FRANCISCI SALESII

———

PROSA

Jubilantes veneremur
Et laudantes deprecemur
Præsulem Salesium.

Qui suffulsit Dei domum,
Et ut ortum sidus novum
Luxit per Cablasium.

Præco fuit veritatis,
Restaurator pietatis,
Ardens cultor Numinis.

Christianæ gentis amor,
Clara mundi lux, et honor
Infulati ordinis.

Il ne vécut que pour ses ouailles ; et telle fut sa conduite à l'égard de tous, qu'il apparut comme une image vivante de Jésus-Christ.

Il gravit, au prix de mille fatigues, des montagnes escarpées, pressé par la soif des âmes, pour chercher ceux qui s'étaient égarés.

Il cherche avec empressement la brebis perdue ; lorsqu'il l'a trouvée, il la presse sur son cœur et la nourrit du pain de la divine parole.

Il dispute avec le ministre Bèze, le presse, le confond, le met en fuite, au péril de sa vie.

Oh ! combien de ses frères, soutenu qu'il était par la force de Dieu, il arracha, plein de joie, à la funeste puissance du crime !

Combien furent par lui ramenés à la vraie foi, et retirés du milieu des ténèbres de l'erreur !

Semblable à une fontaine qui épanche ses eaux, il se montra doux, compatissant : il se fit tout à tous.

Totum pro suis se fecit,
Et in omnes sic se gessit,
Ut Christum exprimeret.

Scabros montes scandit fessus,
Animarum siti pressus,
Ut errantes quæreret.

Quærens oves oblectatur,
Et repertas amplexatur,
Alens verbi pabulo.

Disputando Bezam fugat,
Quem lacessit et profligat
Cum suî periculo.

Quot et quantos, Deo fretus,
Lapsos fratres traxit lætus
A lethali crimine !

Quos ad fidem et quàm multos
Revocavit involutos
Erroris caligine !

Fontes suos derivavit,
Mitem, pium se probavit,
Et omnibus omnia.

Il réconforta ceux que tourmentait la faim et refusa pour lui-même les riches dignités de l'Eglise.

Admis à la cour du roi très chrétien, il choisit pour sa demeure l'humble chaumière d'un jardinier.

C'est là qu'il fut frappé d'un mal soudain et que Dieu, le jugeant digne du ciel, le rappela à lui.

Pour gage de son amour, il légua en mourant son cœur aux Lyonnais.

O François de Sales, saint évêque ! jetez un regard favorable sur ceux qui vous implorent !

Faites que votre esprit de douceur se conserve, sans s'y affaiblir jamais, dans votre famille !

Puisse votre intercession et la protection dont vous entourez notre ville rendre agréables à Dieu les hommages que nous lui offrons.

Ainsi soit-il !

Fame pressos sublevavit ;
Et opima recusavit
Ecclesiæ munia.

Regis aulam Christiani
Comitatus, hortulani
Casam legit humilem.

Hìc in morbum repentinum
Lapsum, Deus Cœlo dignum
Vexit ad se præsulem.

In amoris sui pignus,
Moriendo, cordis munus
Dedit Lugdunensibus.

O Salesi, præsul ! verè
Te precantes intuere
Benignus aspectibus.

Fac ut servet illibatam
Mentem tuam mansuetam
Tua Congregatio.

Apud Deum, te favente
Et hanc Urbem protegente.
Grata sit laudatio.
Amen.

Hymne

Vous voulez, Seigneur, qu'ils soient savants et pieux, ceux que vous préposez à la conduite de votre troupeau : et voici que François de Sales, à la fleur de la jeunesse, se distingue déjà par sa science et sa piété.

O Vierge Mère, il se consacre à vous tout entier : il fait, sous vos auspices, le vœu de virginité perpétuelle. Oh ! qu'il lui est doux de marcher sur les traces de son aimable souveraine !

L'autel où François, encore enfant, offrit son sacrifice est encore en vénération ; c'est de ce sanctuaire que les dons de la grâce coulent à grands flots sur les peuples.

Devenu jeune homme, il apprend à vaincre l'enfer ; il médite les coups qu'il portera un jour à l'hérésie : déjà il brûle de rompre les chaines qui tiennent les pécheurs captifs.

Apprenons, nous aussi, à enchaîner les ennemis de Dieu : l'erreur et le vice ; apprenons, par l'exemple de notre saint Patron, à conquérir la gloire du ciel, la seule véritable.

Hymnus

Doctos esse Jubes, ô Deus, et pios
Pastores ovibus præpositos tuis.
Ævi sub tenero flore Salesius
Doctum se probat et pium.

Totum, Virgo parens, se tibi consecrat :
Mores, auspice te, Virgineos vovet.
O quàm dulce putat servus amabilis
Exemplum Dominæ sequi !

Qua sese famulus junior immolat,
Aræ fama viget : munera gratiæ
Ex hoc in populi corda sacrario
Plenis fontibus effluunt.

Discit vel juvenis vincere Tartarum :
Ictus pestiferæ destinat hæresi :
Ardet jam vitii rumpere vincula,
Quæ sontes populos gravant.

Discamus pariter Numinis hostibus,
Errori, vitio, nectere compedes,
Quæsitamque super sidera consequi,
Patrono duce, gloriam.

Gloire, louange, honneur à la Trinité sainte, qui prit soin d'enseigner elle-même au jeune François de Sales ce chemin de la vertu qu'il devait montrer plus tard aux peuples confiés à ses soins.

Ainsi soit-il !

Hymne

O Christ, chef et prince des pasteurs, voici que, pour célébrer la fête du grand évêque François de Sales et lui offrir les hommages qu'il mérite, une foule en prières assiège votre temple.

Ce n'est pas dans des vues de vaine ambition, ni par une présomptueuse témérité qu'il assuma la redoutable charge de l'épiscopat ; il n'accepta cette dignité sacrée que sur l'ordre de ses supérieurs et l'appel du Seigneur.

L'huile sainte répandue sur son front ne fut que le symbole de l'onction tout intérieure par laquelle votre esprit, Seigneur, le sacra vaillant athlète et pasteur de la nation sainte.

Il est le pasteur, le père et le modèle de son troupeau ; c'est avec joie qu'il dépense pour lui ses biens et sa vie, serviteur de tous, plein de sollicitude pour tous, se donnant vraiment tout à tous.

Summæ sit Triadi gloria, laus, honor,
Franciscum juvenem quæ priùs erudit
Ad virtutis iter, quam sibi creditis
Hic monstret populis viam.
Amen.

Hymnus

Christe, Pastorum caput atque Princeps,
Præsulis festam venerata lucem,
Debitis supplex tua templa vota votis
Turba frequentat.

Ille non vano tenuit tremendam
Spiritu sedem, proprio nec ausu :
Sed sacrum jussus, Domino vocante
Sumpsit honorem.

Strenuum bello pugilem superni
Chrismatis pleno tuus unxit intus
Spiritus cornu posuitque sanctam
Pascere gentem.

Fit gregis pastor, pater atque forma :
Lœtus impendit sua seque, servus
Omnium, curis gravis omnibusque
Omnia factus.

Il prie pour les coupables et console les affligés ; il relève ceux qui ont défailli et éclaire les hérétiques ; sa parole puissante découvre à tous les sublimes mystères de la religion et terrasse ses perfides ennemis.

Puissent ses prières, ô Christ, nous venir en aide : puissions-nous, Trinité sainte, Père, Fils, Esprit-Saint, chanter vos louanges pendant toute l'éternité.

Ainsi soit-il !

Hymne

La piété ne se cache pas toujours dans les profondeurs des forêts; elle ne s'éloigne pas toujours avec horreur des cités populeuses; elle pénètre aussi dans les villes et jusque dans le palais des rois.

François de Sales ne reçoit aucune atteinte du souffle empesté du monde; sa modestie l'en préserve; lors même qu'il garde le silence, la pureté de sa vie est une leçon pour la cour.

Pro reis orat, reficit gementes,
Erigit lapsos, tenebrasque pellit,
Fit potens verbo, docet alta, pravum
    Conterit hostem.

Fac ut illius precibus juvemur ;
Christe fac, Patrem, pariterque tecum
Spiritum jugi celebremus hymno
    Omne per ævum.

Amen.

HYMNUS

Non amat semper nemorum recessus,
Civium turmas neque semper horret,
Intrat et turres pietas et ipsa
    Limina regum.

Ille nil labis trahit è maligno
Urbis afflatu. Pudor hunc tuetur :
Moribus castis, etiam silendo,
    Arguit aulam.

Son front n'a rien de sévère : il respire au contraire l'indulgence et la bonté ; ce n'est pas seulement par la parole que François de Sales prêche : l'aimable majesté de son visage suffit à inspirer l'amour de la vertu.

La vertu semble plus belle, sur ses lèvres suaves ; si vif est son éclat, qu'il jette l'épouvante au cœur du criminel, incapable de soutenir la vue d'un si redoutable juge.

A sa voix, la fureur dépose les armes ; l'opiniâtre erreur, qui consent à l'écouter, tombe vaincue et rend les armes à l'amour qui l'a subjuguée.

Innocent, il se soumet aux peines dont il dispense le criminel ; il s'impute à lui-même les fautes d'autrui, et expie par d'abondantes larmes des crimes qui ne sont pas les siens.

S'il modère sagement les travaux et les austérités de la vie religieuse, c'est pour l'orienter dans une voie plus parfaite : l'amour divin, à lui tout seul, peut remplacer et compenser toutes les rigueurs corporelles.

Fronte non asper, facilis, benignus,
Voce non sola docet : ipsa vultûs
Blanda majestas, pietatis almum
    Afflat amorem.

Pulchra mellito fluit ore virtus,
Cujus ad fulgur scelus intremiscit,
Nec valet tanti sacra sustinere
    Judicis ora.

Hujus ad vocem furor arma ponit :
Hujus ad vocem patiens doceri,
Pertinax error cadit et magistro
    Cedit amori.

Quas relaxabat sceleri, subibat
Innocens pœnas : aliena culpa
Hunc reum fecit : piat acta largo
    Non sua fletu.

Asperum vitæ genus et labores
Temperat prudens : meliora suadet :
Corporis pœnas amor unus omnes
    Supplet et æquat.

C'est sur ce plan qu'il fonde un nouvel institut de vierges consacrées : il les rassemble sous le même toit, les instruit, leur communique son esprit.

Trinité sainte que nous adorons! Nous confessons, avec tout le peuple chrétien, votre parfaite unité! Envoyez-nous des pasteurs dont la sollicitude nous rappelle celui que nous honorons comme notre père. Ainsi soit-il!

HYMNE

Au moment où vous songez, ô François de Sales, à quitter la France pour rejoindre votre cher troupeau, vous y trouvez la fin de votre vie et de vos labeurs.

La terre vous a possédé assez longtemps : Dieu vous appelle au ciel pour récompenser vos vertus; par une courte maladie, il vous ouvre l'entrée du céleste séjour.

Le peuple pleure votre perte comme celle d'un père : le prêtre se réclame de vous comme d'un modèle; mais assez longtemps vous avez gémi loin de la patrie des saints!

Sic Deo sacras sociat sub uno
Virgines tecto pius institutor,
Et suos mores docet, atque sanctis
    Tradit alumnis.

Trinitas summo veneranda cultu,
Fida plebs in te colit unitatem :
Qui pari curâ referant parentem,
    Mitte ministros.
  Amen.

HYMNUS

Galliam dùm tu fugis, ô Salesi,
Pastor et carum remeas ovile,
Illa tunc vitæ fuit et laborum
    Meta tuorum.

Sat datum terris : tua nunc olympo
Te gravem virtus meritis reposcit,
Te brevi morbo rapuere cives
    Ætheris alti.

Te patrem luget sibi plebs ademptum ;
Te suî formam repetit sacerdos ;
Sed satis dudùm patriâ gemebas
    Exul ab altâ.

O vous, qui vous abreuvez maintenant à cette source divine dont votre âme avait si grand soif, donnez-nous d'avoir soif, nous aussi, des pures joies de la vie éternelle.

Entourez-nous toujours de votre sollicitude : ô père, gouvernez vos enfants, comme vous les gouverniez sur la terre ; conduisez-les au bord des mêmes eaux où vous puisiez vous-même : qu'ils s'y désaltèrent à longs traits.

Faites que les mêmes flammes qui embrasaient ici-bas votre cœur consument aussi le nôtre : qu'il ne recherche et ne désire rien autre chose que votre amour.

O Dieu, donnez-nous, par l'intercession de saint François de Sales, d'accomplir fidèlement les préceptes que, guidé et inspiré par vous, il nous imposa : donnez-nous de vous aimer comme il vous aima lui-même.

Ainsi soit-il !

Qui siti longâ cupidè petitum,
Nunc inexhausto bibis ore numen,
Pura cœlestis tua da sitire
    Gaudia vitæ.

Nec tuæ prolis tibi cura cedat;
Ut gubernâsti, pater, hanc gubernes :
De tuis largas bibat, ut bibisti,
    Fontibus undas.

Quò tuum terris, pater æstuabat
Igne, fac nostrum quoque pectus uri,
Et nihil quærat, nihil atque spiret
    Præter amorem.

Fac, Deus, sancti precibus Salesi,
Exequi quod, te duce, te magistro,
Præcipit nobis : quibus et flagrabat.
    Injice flammas.
  Amen.

PRIÈRES

EN L'HONNEUR DE

SAINTE JEANNE-FRANÇOISE DE CHANTAL

Prose

O sainte viduité! ton mérite est presque égal u celui de la virginité; tu imposes un nouveau combat, dont la palme du ciel est le prix.

O état privilégié! on y choisit pour époux le Fils même du Tout-Puissant : en renonçant à de nouvelles unions, on y achète le ciel!

PRECES

IN HONOREM

SANCTÆ JOANNÆ FRANCISCÆ DE CHANTAL

———

PROSA

Pulchra viduitas,
Quâ penè feminæ
Redit virginitas ;
Novo certamine
Quâ palma quæritur.

O privilegium,
Sponsum seligere
Tonantis Filium.
Nec ultra nubere,
Dùm cœlum emitur !

Françoise de Chantal ne connaît pas les secondes noces : elle veut s'appartenir à elle-même pour s'adonner tout entière aux exercices de la vertu.

L'amour qu'elle avait pour son époux mortel, elle le reporte, plus ardent, sur le Roi du ciel : elle brûle de le contempler.

Elle avait été femme vertueuse et accomplie : la voici maintenant qui jeûne, qui joint de longues veilles à de rudes travaux, qui pleure.

La maigreur altère son visage ; mais son âme resplendit de célestes rayons, et se revêt de riches parures.

Véritable veuve, sa vie est remplie par les bonnes œuvres : elle ne se mêle jamais aux jeux des enfants du siècle.

Secundas femina
Nescit hæc nuptias,
Ut suî domina
Signet egregias
Virtutes opere.

Qua vi deperiit
Mortalem conjugem,
Amans post ambiit
Cœlituum regem :
Hinc ardet cernere.

Post castos thalamos,
Vacat jejuniis,
Labores maximos
Miscet vigiliis ;
Indulget fletibus.

Apparet macies :
At se sidereis
Interna facies
Adornat radiis
Cingit monilibus.

O verè vidua !
Bonis operibus
Vacat assidua,
Et cum ludentibus
Nunquàm se miscuit.

Pleine d'horreur pour les vanités d'ici-bas, elle va dans les prisons, pratique l'hospitalité, répand l'or à pleines mains dans le sein des pauvres.

Son zèle n'est pas inquiet ni inconstant : « elle a choisi la meilleure part » ; elle porte tous ses efforts sur ce qui « seul est nécessaire ».

En cette vie, elle sema en pleurant ; mais quelle moisson abondante elle recueille maintenant, pleine de joie, dans le ciel !

O Christ, qui vous donnez pour époux aux pieuses veuves ! qui les pénétrez de votre esprit et chassez de leur cœur l'amour des vanités, élevez-nous à vous !

Donnez-nous de vous aimer et d'appeler par de saintes aspirations le jour où vous nous réunirez a vous dans le ciel. Ainsi soit-il !

Horret mendacium,
Intrat in carceres,
Probet hospitium,
Aurum in pauperes
Larga distribuit.

Jam non in plurima
Turbata rapitur :
Placet pars optima ;
Unum enititur
Ad necessarium.

In hoc itinere
Flens misit semina ;
Abundans opere,
Quod fortis femina
Collegit præmium.

Christe, qui viduis
Te sponsum exhibes,
Qui mentes imbuis,
Qui vana cohibes,
Nos sursùm eleva.

Castis amoribus
Fac te diligere ;
Sanctis gemitibus
Fac concupiscere,
Cœloque subleva. Amen.

HYMNE.

Accourez, saintes épouses! voici la femme forte, qui, ornée de mérites, est reçue en triomphe dans le céleste séjour!

Pour qu'elle pût vaincre les séductions du monde, elle fut revêtue de force; pour que sa seule vue disposât les cœurs à la vertu, elle fut parée d'une grâce céleste.

Les vaines splendeurs du siècle ne lui firent point illusion; et jamais la volupté ne se glissa dans son âme pour énerver, par ses artifices, son mâle courage.

Elle dédaigne le luxe des vêtements et les frivolités de la parure; simple et modeste dans tout son extérieur, elle ne plaît que par la pureté de sa vie.

Toute pénétrée de l'esprit de saint François de Sales, elle répudie toutes les vanités : Jésus est le sujet de tous ses discours; il est le modèle sur lequel elle règle toutes ses actions.

HYMNUS

Adeste, sanctæ conjuges ;
En illa fortis fœmina,
Ornataque virtutibus
Inter triumphat cœlites.

Blandos ut hostes vinceret,
Hanc fortitudo vestiit ;
Ut prosit intuentibus,
Cœlestis ornavit decor.

Non vana pompa seculi
Sensus fefellit, nec malis
Gliscens voluptas artibus
Virile pectus molliit.

Non illa luxu vestium,
Non crine torto splenduit :
Cultu nitens sed simplici
Puris placebat moribus.

Plena Salesi spiritu
Vana repellit omnia,
Jesumque solum vocibus,
Cunctis et actis exprimit.

Louange et gloire vous soient rendues, ô Trinité
sainte, qui couronnez votre servante d'une gloire
éternelle!

Ainsi soit-il!

HYMNE.

Donnez-nous, Père des anges et des hommes,
de célébrer dignement les vertus dont vous avez
enrichi le cœur généreux de votre servante Jeanne
de Chantal.

Mère tendre, elle nourrit les pauvres abandon-
nés; elle prend en pitié les malades, leur prodigue
ses soins et son héroïque charité va jusqu'à lui
inspirer de baiser leurs plaies.

Elle maltraite son corps, lui inflige de dures
macérations. Elle fait le vœu d'observer dans la
loi tout ce qu'il y a de plus parfait, et elle y est
constamment fidèle.

Comblée des dons de la grâce, elle réunit autour
d'elle un grand nombre de jeunes filles, auxquelles
elle apprend à vaincre les séductions du monde
et les artifices de Satan.

Sit tibi, sancta Trinitas,
Laus atque jubilatio,
Quæ famulæ victoriam
Ornas perenni gloria. Amen.

HYMNUS

Laudibus præsta celebrare dignis
Nos Pater mundi superûmque, dotes
Queis decorasti generosa sanctæ
    Corda Joannæ.

Pauperes Mater pia derelictos
Pascit, ægrotis miserata curam
Exhibet, forti quoque caritate
    Vulnera lambit.

Sævit in corpus, cruciatque flagris,
Et sequi quidquid propiùs supernam
Respicit legem, vovet, et fidelis
    Jugiter implet.

Gratiæ donis cumulata multas
Cogit in cœtum, docet et puellas
Fortiter mundi, Satanæque tectas
    Vincere fraudes.

Fidèle gardienne des vierges du Seigneur, toujours humble dans sa charge, elle gouverne doucement les esprits et enseigne par ses discours le chemin de la vie parfaite.

Modèle éclatant de toutes les vertus, elle accroît ses propres mérites, en faisant goûter aux autres, par ses mérites et ses écrits, les vérités chrétiennes.

Un jour vient où, incapable de contenir plus longtemps les ardeurs et les élans du feu sacré qui la consume, son âme, dégagée des liens de la chair, s'envole vers le ciel.

Maintenant donc que vous êtes réunie à jamais au divin Roi, obtenez-nous, ô sainte Françoise, le pardon de nos fautes, l'innocence de la vie et la pureté du cœur.

Louange éternelle soit au Père, au Fils, à vous aussi, Esprit-Saint, qui procédez du mutuel amour de l'un et de l'autre. Ainsi soit-il.

Virginum custos, humilisque præses
Mulcet, et clemens animos gubernat,
Atque perfectæ documenta vitæ
    Suggerit ore.

Norma virtutum nitet et magistra :
Auget infusam sibi charitatem
Cæteris, verbo, calamoque suadens
    Dogmata Christi.

Vix potens tandem tolerare sacri
Ignis ardores et acuta tela,
Nexibus carnis petit exsolutis
    Spiritus astra.

Eia supremo modo juncta Regi
Impetra culpis veniam, precamur,
Impetra nobis sine labe mores,
    Puraque corda.

Laus sit æterna sine fine Patri ;
Filio sit laus sine fine, et illi
Mutuo, quem se redamans uterque
    Spirat Amori.
    Amen.

PRIÈRES

SAINTE MADELEINE

PROSE.

Quelle est cette fidèle compagne, si étroitement unie à l'agneau sans tache, cette servante dévouée qui suit le Christ partout où il va ?

L'infortunée gémissait jadis, asservie à la tyrannie et au caprice de sept démons ; libre maintenant, elle brûle d'un tel amour pour le Roi, son libérateur, qu'elle ne peut se résoudre à le quitter un instant.

O Madeleine, avec quelle usure le Christ que vous nourrissez et qui semble si pauvre, ne vous paye-t-il pas ce que vous lui donnez de si bon cœur !

PRECES

IN HONOREM

SANCTÆ MAGDALENÆ

Prosa

Agno sine macula
Ecquæ comes jungitur ?
Qualis Christum famula,
Quòvis eat, sequitur ?

Tyrannorum misera
Nutu septem iverat :
Ardet regem libera
Ne momento deserat.

Auctum quanto fœnore,
Magdalena, reperis,
Pleno quod das pectore,
Altrix Christi pauperis !

Compagne assidue de Jésus, elle s'attache à ses pas, attentive à ne rien perdre des oracles qui coulent de ses lèvres.

Les apôtres abandonnent leur maître ; mais Madeleine est au pied de la croix ; son amour, plus fort que la crainte, s'épanche en larmes abondantes.

Elle mêle ses pleurs d'épouse aux soupirs de la Mère de douleur : elle recueille, attentive, les dernières paroles du Christ.

Mais, plus fort que la mort, son amour survit au trépas du Christ : elle suit le Sauveur au sépulcre, elle l'aime encore sous le linceul.

Elle se lève, elle parcourt la ville (sentinelle, ne l'arrêtez pas !) ; hélas son bien-aimé a disparu ; elle va et vient, jusqu'à ce qu'elle l'ait retrouvé.

Il vit, ô Madeleine, Celui que vous pleurez comme mort : il veut vous porter lui même la nouvelle de sa résurrection. O prodige d'un mutuel amour ! le voici qui vient à votre rencontre !

In sacra vestigia
It sectatrix sedula ;
Servat solers omnia,
Quæ fluunt, oracula.

Viris fugientibus,
Adstat cruci propior :
Stillat tener fletibus
Amor, metu fortior.

Suas sponsa lacrymas
Jungit matris questibus;
Christi voces ultimas
Audit totis auribus.

At non morte vincitur,
Fortior dilectio :
Ad sepulcrum sequitur;
Amat sub sudario.

Surgit, urbem circuit;
(Ne vigil prohibeat !)
Heu ! dilectus latuit;
It, redit, dum teneat.

Vivit, quem fles mortuum;
Adest ipse nuntius.
O amorem mutuum !
Ad te venit obvius.

Gardez-vous de le toucher! Que celui dont la foi chancelle demande une telle faveur. Pour vous, allez en toute hâte où il vous envoie; il ne vous est pas encore loisible de vous livrer au repos.

Elle est le premier témoin et la première messagère de la gloire du Christ; aussi est-elle la première à subir les railleries des esprits incrédules.

O vous qui siégez maintenant, triomphante, sur le trône du Père, tout auprès du Christ, priez pour que jamais nous n'abandonnions lâchement le bon combat.

Le secret de notre force, ô Jésus, c'est l'amour avec lequel nous vous cherchons : l'adversité peut fondre sur nous; nous la vaincrons pour l'amour de vous !

Ici-bas, comme au ciel, que désirons-nous, Seigneur, si ce n'est vous-même ? Puisse votre grâce, qui purifia Marie-Madeleine, nous purifier aussi : c'est notre prière.

Ainsi soit-il.

O tu, ne tetigeris ;
Poscat anceps tangere :
I celer, quó mitteris ;
Nondum fas quiescere.

Prima Christi gloriæ
Testis est et nuntia ;
Ob hanc, contumeliæ
Prima fert ludibria.

Quæ Patris in solio
Christo victrix assides ;
Ora, det in prœlio
Ne cedamus desides.

Nostrum robur caritas,
Quâ te, Jesu, quærimus ;
Irruat calamitas ;
Hanc te propter vincimus.

Terra, Cœlo, Domine,
Præter te quid volumus ?
Quo Mariam lumine,
Et nos munda, quæsumus.
Amen.

HYMNE

O Marie-Madeleine, votre cœur est profondément blessé ; mais pourquoi ces larmes versées sur
un Maître que vous ne devez plus pleurer ? Pourquoi ces impétueux élans d'amour sans cesse
renaissants ?

Celui que vous cherchez au sein de la mort
vient, glorieux triomphateur, de la terrasser : il
vit ; son sépulcre est ouvert, et voici renversée la
pierre qui en fermait l'entrée.

Pourquoi apporter cette myrrhe et ces inutiles
parfums ? De tels soins ne sont dus qu'aux morts.
Jésus n'en a pas besoin : son corps ressuscité va
bientôt prendre son essor vers le ciel.

Votre douleur si vive décèle l'ardeur de votre
amour ; votre divin amant, vous rendant tendresse
pour tendresse, vient s'offrir à vos yeux. Recon-
naissez la voix du Maître qui vous appelle par
votre nom.

O vous, le premier témoin de la résurrection
du Christ, soyez-en la première messagère ; courez

HYMNUS

Maria sacro saucia vulnere,
Non jam dolendum quid Dominum doles?
Semper renascens hic amoris
Undè tibi violentus ardor?

Quem quæris ipso funeris in sinu,
Victor triumphat funere clarior,
Vivit : retecto jam sepulcro,
Ecce jacent revoluta saxa.

Myrrham quid affers, vanaque balsama?
Hæc luce functis debita munera :
Mox ille donandos Olympo
Non eget his redivivus artus.

Ingens amantem te dolor indicat;
Amans vicissim se Deus obtulit :
Agnosce vocem tu Magistri
. Nomine te proprio vocantis.

Tu prima testis, primaque nuntia,
Velox in urbem protinùs advola;

sans retard en porter la nouvelle dans la ville sainte, et, toute pleine du Dieu dont vous avez approché, allez raffermir la foi chancelante des apôtres.

Louange infinie au Père, au Fils, à vous aussi, Esprit très pur, qui, par vos inspirations, embrasez les cœurs fidèles des flammes du divin amour.

Ainsi soit-il.

Christique nutantes ministros
Plena Deo propiore firma.

Laus summa Patri, summaque Filio,
Sit summa puro laus quoque Flamini,
Afflante quo semper calescunt
Æthereis pia corda flammis. Amen.

LITANIES

DE

SAINT FRANÇOIS DE SALES

Seigneur, ayez pitié de nous.

Jésus-Christ, ayez pitié de nous.

Seigneur, ayez pitié de nous.

Jésus-Christ, écoutez-nous.

Jésus-Christ, exaucez-nous.

Père céleste, qui êtes Dieu, ayez pitié de nous.

Fils, Rédempteur du monde, qui êtes Dieu, ayez pitié de nous.

Esprit-Saint, qui êtes Dieu, ayez pitié de nous.

Trinité Sainte, qui êtes un seul Dieu, ayez pitié de nous.

Sainte Marie, priez pour nous.

Sainte Mère de Dieu, priez pour nous.

Sainte Vierge des Vierges, priez pour nous.

Saint François de Sales, priez pour nous.

Saint François, très digne pontife, priez pour nous.

LITANIÆ

SANCTI FRANCISCI SALESII

———

Kyrie, eleison.
Christe, eleison.
Kyrie, eleison.
Christe, audi nos.
Christe, exaudi nos.
Pater de Cœlis Deus, miserere nobis.
Fili, Redemptor mundi Deus, miserere nobis.

Spiritus Sancte Deus, miserere nobis.
Sancta Trinitas unus Deus, miserere nobis.

Sancta Maria, ora pro nobis.
Sancta Dei Genitrix, ora pro nobis.
Sancta Virgo Virginum, ora pro nobis.
Sancte Francisce Salesi, ora pro nobis.
Sancte Francisce, dignissime Pontifex, ora pro nobis

Saint François, ami de Dieu, priez pour nous.
Saint François, imitateur de Jésus-Christ,
Saint François, très dévot au Cœur de Jésus,

Saint François, bien-aimé de la Mère de Dieu,
Saint François, très soumis à la volonté divine,

Saint François, vase d'élection,
Saint François, source de sagesse,
Saint François, bon pasteur,
Saint François, embrasé de l'amour divin,
Saint François, défenseur de la foi catholique,
Saint François, fléau de l'hérésie,
Saint François, lumière de l'Eglise,
Saint François, vainqueur des démons,
Saint François, sel de la terre,
Saint François, miroir d'humilité,
Saint François, modèle de douceur,
Saint François, ami de la pauvreté,
Saint François, refuge des pécheurs,
Saint François, appui des malheureux,
Saint François, maître de la vie spirituelle,
Saint François, très prudent directeur des
    âmes,
Saint François, notre protecteur,

Sancte Francisce, dilecte Deo, ora pro nobis.

Sancte Francisce, Jesu Christi imitator,

Sancte Francisce, sacratissimo cordi Jesu de‑
votissime,

Sancte Francisce, Genitrici Dei carissime,

Sancte Francisce, divinæ voluntati conjunc‑
tissime,

Sancte Francisce, vas electionis,

Sancte Francisce, fons sapientiæ,

Sancte Francisce, bone pastor,

Sancte Francisce, divini amoris incendium,

Sancte Francisce, catholicæ fidei propugnator,

Sancte Francisce, hæresis profligator,

Sancte Francisce, lumen Ecclesiæ,

Sancte Francisce, dæmonum debellator,

Sancte Francisce, sal terræ,

Sancte Francisce, speculum humilitatis,

Sancte Francisce, exemplar mansuetudinis,

Sancte Francisce, amator paupertatis,

Sancte Francisce, peccatorum refugium,

Sancte Francisce, pauperum adjutor,

Sancte Francisce, vitæ spiritualis magister,

Sancte Francisce, animarum moderator pru‑
dentissime,

Sancte Francisce, protector noster,

Agneau de Dieu, qui effacez les péchés du monde, pardonnez-nous Seigneur.

Agneau de Dieu, qui effacez les péchés du monde, exaucez-nous, Seigneur.

Agneau de Dieu, qui effacez les péchés du monde, ayez pitié de nous, Seigneur.

Jésus-Christ, écoutez-nous.

Jésus-Christ, exaucez-nous.

℣ Saint François de Sales, priez pour nous.

℟ Afin que nous devenions dignes des promesses de Jésus-Christ.

ORAISON

O Dieu, qui avez voulu que le bienheureux François de Sales, votre Confesseur et Pontife, se fît tout à tous pour le salut des âmes; faites, dans votre miséricorde, que pénétrés de la douceur de votre charité, guidés par les instructions de ce Saint et secourus par ses mérites, nous parvenions au bonheur éternel. Par N. S. J -C.

Agnus Dei, qui tollis peccata mundi, parce nobis,
Domine.

Agnus Dei, qui tollis peccata mundi, exaudi nos,
Domine.

Agnus Dei, qui tollis peccata mundi, miserere
nobis.

Christe, audi nos.

Christe, exaudi nos.

℣. Ora pro nobis, Sancte Francisce Salesi,

℟. Ut digni efficiamur promissionibus Christi.

OREMUS

Deus, qui ad animarum salutem beatum Franciscum Salesium, Confessorem tuum atque Pontificem, omnibus omnia fieri voluisti : concede propitius ; ut caritatis tuæ dulcedine perfusi, ejus dirigentibus monitis, ac suffragantibus meritis, æterna gaudia consequamur. Per Dominum Nostrum Jesum Christum, Filium tuum, qui tecum vivit et regnat in unitate Spiritûs Sancti, Deus, Per omnia secula seculorum. Amen.

LITANIES

DE

SAINTE JEANNE-FRANÇOISE DE CHANTAL

Seigneur, ayez pitié de nous.

Jésus, ayez pitié de nous.

Seigneur, ayez pitié de nous.

Jésus, écoutez-nous.

Jésus, exaucez-nous,

Père céleste, qui êtes Dieu, ayez pitié de nous.

Fils, Rédempteur du monde, qui êtes Dieu, ayez pitié de nous.

Esprit-Saint, qui êtes Dieu, ayez pitié de nous.

Trinité Sainte, qui êtes un seul Dieu, ayez pitié de nous.

Sainte Marie, priez pour nous.

Sainte Mère de Dieu, priez pour nous.

Sainte Vierge des Vierges, priez pour nous.

Saint François de Sales, priez pour nous.

Sainte Jeanne-Françoise de Chantal, priez pour nous.

LITANIÆ

SANCTÆ JOANNÆ FRANCISCÆ (A CHANTALIO)

Kyrie, eleison
Christe, eleison.
Kyrie, eleison.
Christe, audi nos.
Christe, exaudi nos.
Pater de cœlis, Deus, miserere nobis.
Fili, Redemptor mundi, Deus, miserere nobis.

Spiritus sancte, Deus, miserere nobis.
Sancta Trinitas, unus Deus, miserere nobis.

Sancta Maria, ora pro nobis.
Sancta Dei Genitrix, ora pro nobis.
Sancta Virgo Virginum, ora pro nobis.
Sancte Francisce Salesi, ora pro nobis.
Sancta Joanna—Francisca (à Chantalio), ora pro
   nobis.

Femme forte, priez pour nous.
Femme prudente, priez pour nous.
Femme très chaste,
Femme craignant Dieu,
Femme sage,
Femme soumise à son mari, comme au Seigneur,
Vraie veuve,
Vous, qui avez toujours eu en horreur les pompes et les délices du siècle,
Vous qui avez toujours été appliquée à l'oraison,
Vous, qui vous êtes toujours préoccupée de former vos enfants à la piété chrétienne,
Vous, qui vous êtes adonnée avec tant de sollicitude à la conduite de votre maison,
Vous, si compatissante aux misères de tous,
Vous, si assidue à visiter les malades,
Vous, si patiente à supporter les injures,
Mère des pauvres,
Vous, qui avez quitté votre pays pour l'amour du Seigneur,
Mère, qui avez donné à l'Eglise de nouveaux enfants,
Modèle d'obéissance à la règle,

Mulier fortis, ora pro nobis.

Mulier prudens, ora pro nobis.

Mulier castissima,

Mulier timens Dominum,

Mulier sapiens,

Mulier viro, sicut Domino, subdita,

Verè vidua,

A pompis et deliciis seculi abhorrens,

Orationi semper intenta,

Liberorum in christianâ pietate eruditrix as
  sidua,

Domesticorum curæ sollicitè dedita,

Miseris omnibus compatientissima,

Infirmorum visitatrix sedula,

Injuriarum patientissima,

Pauperum mater,

De terrâ tuâ propter Dominum egressa,

Novæ sobolis in Ecclesiâ parens,

Regularis observantiæ exemplar,

Vous, qui avez été fidèle dans les petites choses comme dans les grandes,

Vous, si brûlante de zèle pour la gloire de Dieu,

Vous, si pleine de foi,

Vous, si ferme dans votre espérance,

Vous, dont la charité fut si fervente,

Vous, si humble d'esprit,

Vous, si douce de cœur,

Vous, qui avez mis toute votre confiance en Dieu,

Vous, si attachée à la doctrine catholique,

Vous, qui avez été si dévouée au Saint-Siège apostolique,

priez pour nous.

Vous, qui avez été si obéissante aux prélats de l'Eglise,

Vous, qui avez pratiqué très religieusement la pauvreté évangélique,

Vous, qui avez tant aimé le silence et la retraite,

Vous, qui vous êtes étudiée à mener une vie cachée en Dieu avec Jésus-Christ.

priez pour nous.

Guide très expérimenté des épouses du Christ,

Victime du divin amour,

Agneau de Dieu, qui effacez les péchés du monde, pardonnez-nous, Seigneur.

Et in majori et in minori fidelissima,

Gloriæ Dei zelatrix ardentissima,

Fide plenissima,
Spe firmissima,
Caritate ferventissima,
Spiritu humillima,
Corde mitissima,
In Deum fidentissima,

Catholicæ doctrinæ tenacissima,
Apostolicæ sedi devotissima,

Præpositis Ecclesiæ obsequentissima,

Paupertatis evangelicæ cultrix religiosissima,

Silentii et solitudinis amantissima,
Vitæ cum Christo in Deo absconditæ studio-
sissima,
Sponsarum Christi dux solertissima,
Divini amoris victima,
Agnus Dei, qui tollis peccata mundi, parce nobis,
Domine.

19

Agneau de Dieu, qui effacez les péchés du monde,
exaucez-nous, Seigneur.

Agneau de Dieu, qui effacez les péchés du monde,
ayez pitié de nous, Seigneur.

Jésus, écoutez-nous,

Jésus, exaucez-nous.

℣. Sainte Jeanne-Françoise, priez pour nous.

℟. Afin que nous nous rendions dignes des promesses de Jésus-Christ.

ORAISON

O Dieu tout-puissant et miséricordieux, qui,
après avoir embrasé de votre amour la bienheureuse Jeanne-Françoise, lui avez fait la grâce de
marcher, toute sa vie, avec un admirable courage,
dans la voie de la perfection, et qui, par elle, avez
voulu enrichir votre Eglise de nouveaux enfants,
faites, par ses mérites et ses prières que, toujours
convaincus de notre faiblesse et toujours confiants
en votre force divine, nous surmontions, avec le
secours de votre divine grâce, tous les obstacles
qui s'opposent à notre salut. Par N.-S. J.-C.

L. J. C.

Agnus Dei, qui tollis peccata mundi, exaudi nos, Domine.

Agnus Dei, qui tollis peccata mundi, miserere nobis.

Christe, audi nos.

Christe, exaudi nos.

℣. Ora pro nobis, sancta Joanna-Francisca,

℟. Ut digni efficiamur promissionibus Christi.

OREMUS

Omnipotens et misericors Deus, qui beatam Joannam Franciscam tuo amore succensam, admirabili Spiritûs fortitudine, per omnes vitæ semitas in viâ perfectionis donasti; quique per illam illustrare Ecclesiam tuam novâ prole voluisti : ejus meritis et precibus concede; ut qui infirmitatis nostræ conscii de tuâ virtute confidimus; cœlestis gratiæ auxilio cuncta nobis adversantia vincamus. Per Dominum nostrum Jesum Christum Filium tuum qui tecum vivit et regnat in unitate ejusdem Spiritûs Sancti, Deus, per omnia secula seculorum. Amen.

L. J. C.

TABLE DES MATIÈRES

—

II

LES ŒUVRES PAROISSIALES

III

APPENDICE

TABLE

DES

GRAVURES ET PHOTOTYPIES

HORS TEXTE

———

———

LYON. IMP. E. VITTE, 18, RUE DE LA QUARANTAINE

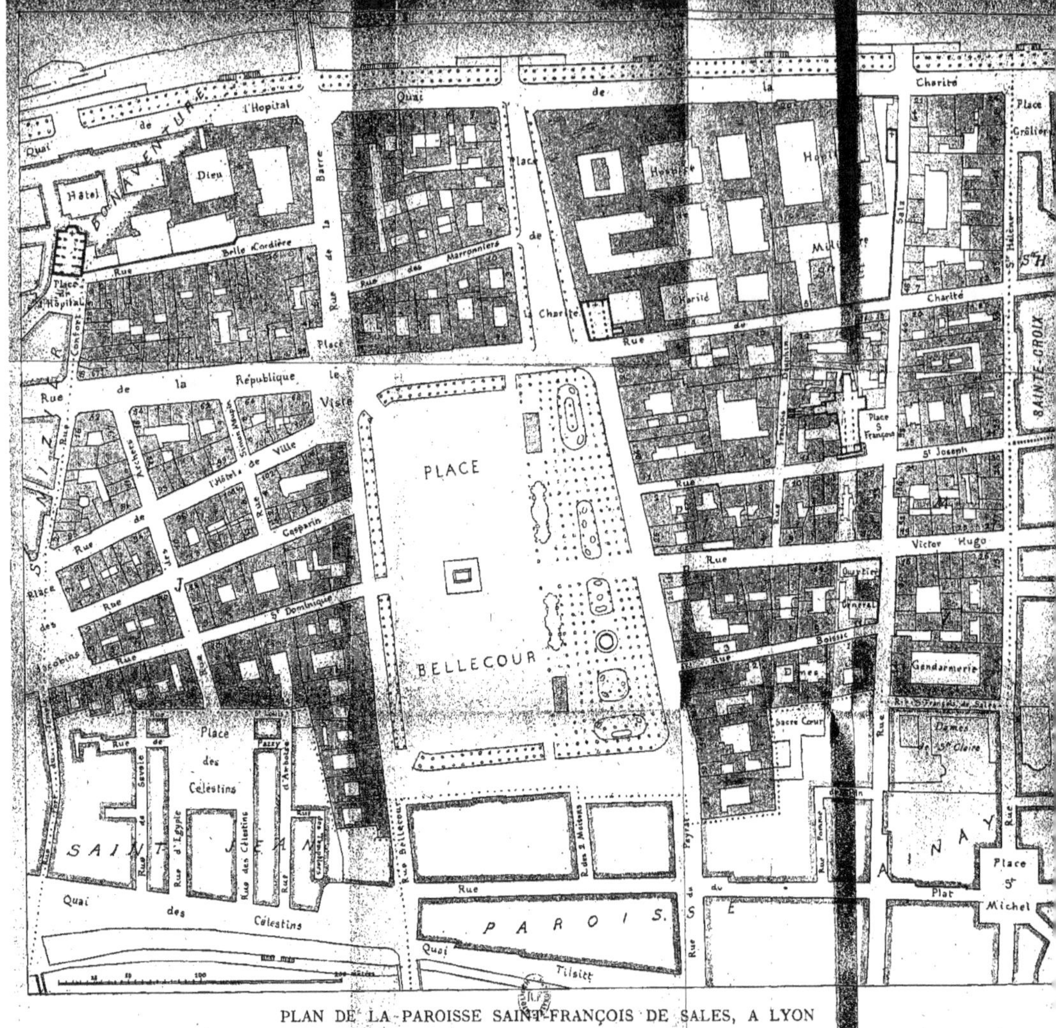

PLAN DE LA-PAROISSE SAINT-FRANÇOIS DE SALES, A LYON

Elle est limitée à l'est par le Rhône, au nord-est par la paroisse Saint-Bonaventure, au nord par celle de Saint-Nizier, à l'ouest et au nord-ouest par celle de Saint-Jean, à l'ouest, au nord-ouest et au sud par celle d'Ainay, et enfin au sud également, par celle de Sainte-Croix.

On a marqué ces limites d'une ligne ponctuée; mais pour distinguer d'une manière plus sensible cette paroisse de celles qui l'entouraient, on a couvert d'une teinte grise les masses d'habitations, tandis que, pour celles qui sont en dehors, on s'est borné à les circonscrire d'une bordure étroite.

On a indiqué les numéros des maisons aux points extrêmes des limites et de toutes les sections de chaque rue, de telle sorte que, sans surcharger le dessin d'un trop grand nombre de chiffres qui deviendraient confus, on peut facilement trouver les numéros intermédiaires.

La paroisse de Saint-François comprend dans son enceinte un grand nombre d'établissements publics d'ordre civil, militaire et religieux. L'Hôtel des postes, place Bellecour, 19; le Quartier général, hôtel du Gouverneur militaire, rue Boissac, 11 et rue Sala, 27 et 29; le Pénitencier militaire, place Saint-François et rue Sala, 35 et 37; la caserne de gendarmerie à cheval, rues Sala, 24 et Sainte-Hélène, 9; un poste de police et de sapeurs-pompiers dans le pavillon situé au sud-est de la place Bellecour, les deux cinquièmes de l'Hôtel-Dieu, l'hospice de la Charité, quai, place et rue de la Charité, nos 1 et 3; l'Hôpital militaire, quai de la Charité, no 20 et rue de la Charité, 5, cette dernière entrée spécialement réservée pour les sœurs de St-Vincent de Paul qui desservent cet hôpital; un orphelinat, rues Victor-Hugo, 17 et Sala, 31; la maison d'éducation des Dames du Sacré-Cœur, rue Boissac, 6 et 8.

On y compte, outre l'église paroissiale, six chapelles ou oratoires, savoir : l'église de la Charité, plus un oratoire dans l'intérieur de l'hospice et réservé aux vieillards qui y sont recueillis; la chapelle de l'Hôpital militaire; celle du Pénitencier militaire, où on dit la messe tous les dimanches; l'oratoire de l'Orphelinat et enfin la chapelle du pensionnat du Sacré-Cœur, bâtie sur l'emplacement du no 4 de la rue Boissac. Seules l'église ou chapelle de la Charité et celle de l'hôpital militaire sont des édifices apparents et munis de clochers; les quatre autres sont des oratoires intérieurs.

La partie septentrionale de la paroisse actuelle renfermait, avant la Révolution, le célèbre couvent des Dominicains, dont l'emplacement, limité par la place Bellecour, la rue Saint-Dominique, la place des Jacobins, la rue Confort et la rue de la République, est traversé par les rues Gasparin, de l'Hôtel-de-Ville, des Archers et Simon-Maupin. On l'a désigné par la lettre J, mais il s'en trouve des plans détaillés dans la *Nouvelle Histoire de Lyon* et dans un *Album* de plans et de vues du monastère des Jacobins pour servir d'illustration à l'inventaire rédigé au XVIIe siècle par le P. Ramette et dont la publication a été entreprise par le R. P. Cormier.

Il a existé aussi, dans l'ancienne rue Bellecordière, sur le terrain de la rue de la République, à peu près en face du no 64, un hospice tenu par les religieux du tiers ordre de Saint-François. Enfin une confrérie de Pénitents sous le vocable de Notre-Dame de Lorette et composée d'hommes qui avaient fait le pèlerinage à cette célèbre chapelle, avait fait construire en 1638, sa chapelle sur les bords du Rhône; mais, en 1716, les membres de cette Confrérie cédèrent à l'Hôtel-Dieu cet emplacement, qui se trouve compris actuellement dans l'aile méridionale de l'hôpital.

Quant à la partie méridionale, elle formait un quartier isolé de la ville très peu habité et couvert de jardins. Ce ne fut qu'à partir du milieu du XVIIe siècle que l'on commença à y construire des habitations; elles ne devinrent nombreuses qu'au XVIIIe, et encore ce n'étaient que de vastes hôtels à l'usage exclusif de familles aristocratiques. Cet isolement et calme qui régnait dans ce quartier y avaient fait établir plusieurs monastères, sans parler de l'hospice de la Charité, des maisons des Pénitentes et des Recluses, dont la fondation et les développements sont décrits dans la notice historique qui précède.

Il y eut ainsi le monastère de Sainte-Elisabeth, du tiers ordre de Saint-François, qui fut établi en 1617. Il occupait l'emplacement actuel de l'Hôpital militaire, sauf la portion voisine du quai qui a été conquise sur le fleuve au XVIIIe siècle. Les bâtiments du cloître et de l'église (côtés S. E. sur le plan) étaient sur l'emplacement du jardin. En outre ces religieuses possédaient, au delà de la rue Sala, un vaste terrain et un corps de bâtiments, qui n'a été démoli qu'en 1856. Le monastère de Sainte-Elisabeth fut supprimé, en 1746, par le cardinal Tencin et le terrain de l'emplacement du Monastère acheté par les Recteurs de la Charité; mais peu après, cet hospice fut exproprié par l'Etat, qui y fit construire la Douane, devenue aujourd'hui l'hôpital militaire.

Le monastère de la Visitation de Sainte-Marie fut également établi dans ce quartier en 1617. Il s'étendait (M. V.) entre les rues Sala et Sainte-Hélène, depuis la rue St-Joseph jusqu'à celle de St-François-de-Sales appelée aussi de Ste-Marie. Il possédait, de plus, à l'ouest de cette rue, un tènement où les Dames de Sainte-Claire se sont établies depuis 1807. La rue de Bourbon, aujourd'hui Victor-Hugo, ouverte à la fin du XVIIIe siècle, ayant été prolongée successivement, a coupé en deux, sous la Restauration, le tènement de la Visitation. A la même époque, la caserne de gendarmerie fut construite sur la partie occidentale. C'est précisément en cet endroit qu'existait la maisonnette où mourut saint François de Sales; on l'a marqué d'une croix. On trouvera un plan et des renseignements plus précis sur cet oratoire dans une notice récente sur le monastère de Sainte-Claire. Outre leur église et l'oratoire de Saint-François de Sales, les Visitandines avaient deux petites chapelles dans leur enclos, l'une sur la rue Saint-Joseph, correspondant au no 22, l'autre à l'angle nord-est des rues Sala et Saint-François-de-Sales.

Un troisième monastère exista sur la place de Bellecour. C'était le prieuré de Blie. Ce nom lui venait de ce que ce monastère existait primitivement à Blie en Bresse, aujourd'hui, depuis 1863, commune du département de l'Ain, canton de Laguieu. Ce prieuré, qui existait déjà au XIIe siècle, fut transféré à Lyon en 1630. Il fut supprimé en 1751 par le cardinal de Tencin. L'église sous le vocable de saint Paulin, évêque de Noie, fut démolie et le terrain du prieuré fut vendu; s'étendait de la rue Saint-Joseph jusqu'au no 26 de la place. L'église était située, en grande partie, sur la rue Victor-Hugo et partie aussi sur les nos 2 et 4 de cette rue.

Il faut mentionner encore une chapelle qui fut établie, en 1778, dans l'hôtel de l'Intendance. Cet hôtel, dont il reste quelque chose, dans la cour qui porte son nom, s'étendait le long de la rue Saint-Joseph, depuis la place Bellecour jusqu'à la rue de la Sphère, aujourd'hui François-Dauphin.

On a jugé à propos d'indiquer aussi (St H) l'emplacement de l'ancienne recluserie de Sainte-Hélène, quoique située en dehors de la paroisse à l'angle des rues Sainte-Hélène, no 14 et de la Charité, no 15; et cela pour détruire l'erreur commise par le P. Ménestrier et répétée par beaucoup d'historiens, d'après lesquels cette recluserie aurait été la maison où mourut saint François de Sales. On peut juger par l'inspection du plan combien cette assertion est insoutenable.

SIG · PAROCHIÆ · STI · FRANCISCI · SALESII · LVGD
S F

www.ingramcontent.com/pod-product-compliance
Lightning Source LLC
LaVergne TN
LVHW020055060726
842526LV00004B/897